AF384912

LE ROI

ET

SES MINISTRES,

DIALOGUES.

LE ROI
ET SES MINISTRES,
DIALOGUES.

LE ROI & M. L'ARCHEVÊQUE de Sens.

PREMIER DIALOGUE.

LE ROI.

M. DE BRIENNE, il me paroît qu'actuelle ment en France, tous les hommes un peu inf- truits, qui ont du patriotifme & de la raifon, s'appliquent à chercher qu'elle eft la *conftitution françaife*; qu'ils méditent fur ce quelle eft, & fur ce qu'ils voudroient qu'elle fût.

L'ARCHEVESQUE.

SIRE, il y a beaucoup de fermentation dans les efprits. Les uns font royaliftes, les au-

(4)

tres parlementaires : ils difputent, s'échauffent,
ne s'entendent pas, & ne font que du bruit.

LE ROI.

Il y a auffi le *parti national*. Celui-là n'eft ni
royalifte ni parlementaire. Il n'écoute pas les
fougueux des deux autres partis ; ne lit pas les
petits écrits où l'on ne trouve que de la haine,
des ridicules & des injures : il cherche des principes & de la raifon ; il eft de bonne foi, il veut
s'inftruire & s'éclairer.

L'ARCHEVESQUE.

SIRE, ce parti fera toujours le moins
nombreux.

LE ROI.

Tant pis. il faudroit qu'il dominât, & qu'il
fît la loi aux deux autres.

L'ARCHEVESQUE.

Ne l'efpérons pas. Dans le temps où nous
fommes *l'intérêt perfonnel* donne feul de l'énergie.

(5)

gie. Les royaliftes & les parlementaires ont un intérêt perfonnel ; par conféquent leurs clameurs étoufferont la réclamation du parti national & médiateur.

LE ROI.

Mais vous ne fongez donc pas à l'énergie que donne l'amour de la Patrie.

L'ARCHEVESQUE.

SIRE, il n'y a plus d'amour de la Patrie. C'eft un fentiment éteint.

LE ROI.

Faut-il vous dire que le Français eft brave, généreux, intrépide ?

L'ARCHEVESQUE.

Oui, un jour de Bataille. Mais dans la vie civile, & lorfqu'il raifonne fur la légiflation & le gouvernement de fon pays, il eft ignorant, lâche & timide. Il brave l'Anglais, & un efpion le fait trembler.

LE ROI.

C'est que point d'énergie avec des espions.

L'Archevesque.

SIRE, les espions sont nécessaires.

LE ROI.

Les croyez-vous compatibles avec l'amour de la Patrie ?

L'Archevesque.

Non.

LE ROI.

Que prétendez-vous donc ? Votre intention seroit-elle de substituer l'espionnage à l'amour de la Patrie ?

L'Archevesque.

SIRE, dans l'état des choses, l'espionnage est un ressort nécessaire, &, si Votre Majesté me permet de le dire, c'est lui qui fait tout, & qui empêche tout ; du moins il sert à tout faire & à tout empêcher.

LE ROI.

Quel agent !

L'ARCHEVESQUE.

L'intérêt personnel en est le créateur. L'amour de la Patrie en seroit le destructeur.

LE ROI

Je voudrois bien le voir détruit.

L'ARCHEVESQUE.

SIRE, vos Ministres en auront toujours besoin ; par conséquent il subsistera toujours.

LE ROI.

Du moins, Messieurs, n'en usez donc que pour votre avantage personnel, lorsque vous avez à éventer les briques & les complots qui ont pour objet de vous supplanter ; mais, lorsque vous combinez un plan d'administration, quand vous faites une Loi, quand vous êtes occupés d'un intérêt général, abandonnez ce vil moyen.

L'ARCHEVESQUE.

SIRE, l'intrigue nous arrêteroit à chaque pas ; elle contrarieroit tous nos mouvements.

LE ROI

Quoi ! l'intrigue vous empêcheroit de faire des Réglements & des Loix ?

L'ARCHEVESQUE.

Oui. Ou bien elle feroit un obstacle à leur exécution.

LE ROI

Vous croyez donc que les espions sont d'une grande utilité pour la formation & l'exécution des Loix ?

L'ARCHEVESQUE.

Au moins sait-on qu'il y a du danger à nous contrarier.

LE ROI

L'expérience ne prouve pas qu'il soit avantageux

rageux de vous laiſſer faire. M. de Brienne, vous ſavez où nous en ſommes, & vous ſavez auſſi à qui en eſt la faute.

L'ARCHEVESQUE.

Je conviens que l'on voit des Miniſtres qui adminiſtrent mal, & qui abuſent de l'autorité dont ils ſont revêtus.

LE ROI.

Il faudroit chercher un remede à un inconvénient auſſi majeur.

L'ARCHEVESQUE.

SIRE, ce reméde eſt dans l'opinion publique. Elle s'éleve contre un mauvais Adminiſtrateur, & dénonce l'homme qui abuſe de ſa place.

LE ROI.

Et les eſpions ?

L'ARCHEVESQUE.

Je l'avoue, les eſpions ſont encore plus dévoués aux mauvais & aux méchants Miniſtres

qu'aux

qu'aux bons, & l'opinion publique est souvent victime des Ministres, par la perte ou détention arbitraire de ses partisans.

LE ROI.

Remarquez, je vous prie, que l'opinion publique est un frein nécessaire pour les Ministres ; & que les Ministres gênent l'opinion publique avec les espions ; que même ils la punissent, & par conséquent l'empêchent de prendre cet ascendant qui lui seroit nécessaire pour être utile.

L'Archevesque.

SIRE, le Français est malin, caustique ; ami de la censure ; s'il n'étoit pas empêché, tout ce que nous ferions seroit contredit, blamé ; plaisanté : nous verrions des brouillons s'élever de toutes parts, il ne seroit pas possible d'y tenir.

LE ROI.

Et moi je vous dis que les bonnes Loix, les bons établissements, établiffements, & les changements utiles auront toujours des partifans éclairés & nombreux, qui fauront impofer filence aux malins & aux cauftiques ; & que vous ne devriez pas fonger aux gens de cette derniere efpece.

L'ARCHEVESQUE.

SIRE, votre autorité, & celle de vos Miniftres, feroit toujours dépendante & fubor-donnée à l'opinion publique.

LE ROI.

Je ne m'en trouverois pas plus mal ; je ferois plus tranquille, plus heureux, & la Nation feroit fatisfaite. Les Miniftres, eux-mêmes, feroient bien je penfe d'effayer d'une fituation qui leur montreroit fans ceffe un Roi content, & une Nation reconnoiffante & fenfible. M. de Brienne, les Miniftres ne font pas moins le malheur des Rois que celui de la Nation. Tous mes Sujets fe plaignent, parce qu'ils fouffrent ou font menacés de fouffrir. Mais moi, fuis-je

fur

fur des rofes ? Ne fuis-je pas l'homme le plus malheureux de mon Royaume? Et, dites-le moi, le tourment que j'éprouve de qui eft-il l'ouvrage? Eft-ce à la Nation que je le dois ? N'eft-ce pas aux Miniftres?

L'ARCHEVESQUE.

SIRE, vous avez une grande confolation. La France vous croit jufte, bon, fenfible, & la France aime fon Roi.

LE ROI.

Et moi je la porte dans mon cœur. Je n'ai jamais fait de vœux que pour fon bonheur & fa gloire; & je vois qu'elle eft la Nation qui mérite le mieux d'être bien gouvernée.

L'ARCHEVESQUE.

SIRE, nous faifons tout ce que nous pouvons.

LE ROI.

Je ne dois pas donner à la Nation des

Miniftres

Miniſtres qui lui déplaiſent. Songez donc à vous faire aimer.

L'Archevesque.

SIRE, nous faiſons pour le mieux.

LE ROI.

Le mieux eſt de s'attirer l'eſtime, la confiance & l'amour de la Nation.

L'Archevesque.

SIRE, nous avons été obligés de porter de grands coups.

LE ROI.

Mais n'avez-vous pas fait plus que vous n'aviez le droit de faire? Réduire les Parlements, établir des Grands-Baillages, & ſur-tout créer une Cour Pléniere : croyez vous que cela fût en votre puiſſance ?

L'Archevesque.

SIRE, le Légiſlateur à une grande puiſ-fance, & vous êtes Légiſlateur.

LE

LE ROI.

Croyez-vous que j'aie feul en France la puiffance légiflative ?

L'ARCHEVESQUE.

SIRE, vous êtes Légiflateur fuprême, fans
dépendance & fans partage ; vous êtes l'image
de Dieu fur la terre.

LE ROI.

Voilà, M. de Brienne, où je voulois vous
amener. Cette grande queftion, je veux l'examiner avec vous. Quand tout le Royaume difcute
ce problême politique, au moins faut-il, vous
& moi, que nous ayons des principes fixes, &
que nous fachions fur quoi ils font fondés. Vous
croyez donc que je fuis feul Légiflateur, fans
dépendance & fans partage ? Dites-moi d'où
vous vient cette doctrine ?

L'ARCHEVESQUE.

SIRE, elle eft celle du Clergé, de la
Nobleffe,

Nobleſſe ; du Tiers-état , de tous les Ordres & de tous les Corps du Royaume.

LE ROI.

La croyez-vous ancienne ?

L'ARCHEVESQUE.

SIRE, elle eſt générale.

LE ROI.

Je vous demande ſi vous la croyez ancienne ?

L'ARCHEVESQUE.

Il me ſemble quelle remonte à des temps fort reculés ; & il n'eſt pas probable que les trois Ordres du Royaume & que tous les Corps l'euſſent profeſſée ſi elle n'étoit pas inébranlable.

LE ROI.

Non , cela n'eſt pas probable. Mais encore , en connoiſſez-vous l'origine & les progrès ? Soyons de bonne foi , & tâchons d'avoir des idées poſitives ſur ce grand objet.

L'ARCHEVESQUE.

L'Archevesque.

SIRE, je fais que depuis 1614 il n'y a pas eu en France d'Etats-Généraux, & que depuis cette époque la France a reçu de fes Rois beaucoup de Loix.

LE ROI.

C'eft auffi depuis 1614 que font venus les Impôts, la Capitation, les Vingtiemes, les fols pour livre, & cette effrayante quantité de Droits de toute efpece, dont la perception fatigue & tourmente fans ceffe & de toute maniere.

L'Archevesque.

SIRE, permettez que j'obferve à VOTRE MAJESTÉ qu'Elle me parle des Loix, & non pas des Impôts.

LE ROI.

Continuez donc fur les Loix.

L'Archevesque.

SIRE, les Etats de 1614 n'ont pas

dit

dit que le Roi n'eût pas la puissance législative. L'Assemblée des Notables à Rouen, en 1596, ne l'a pas prétendu non plus, quoique Henri IV eût annoncé aux Notables qu'il les avoit assemblés *pour prendre leurs conseils, pour les croire, pour les suivre ; en un mot, pour se mettre en tutelle entre leurs mains.*

LE ROI.

Vous remarquez, sans doute, que voilà un Prince l'idole des Français, qui, dans des temps difficiles, orageux , & lorsque les Finances étoient dans un grand désordre, convoque les Notables, & prend leur conseil, pour le croire, le suivre, & se mettre en tutelle.

L'ARCHEVESQUE.

SIRE, c'est après cette Assemblée que les Finances furent confiées à Sully.

LE ROI.

M. de Brienne , votre observation m'embarrasse & me chagrine. Je n'ai plus de Sully.

B

L'ARCHEVESQUE.

Les Etats de Blois, en 1576, n'ont pas davantage refufé la puiffance légiflative au Roi de France.

LE ROI.

C'eft là qu'il a été dit que les Parlements étoient des Etats-Généraux au petit pied, & qu'ils pourroient *refufer*, *fufpendre ou modifier les Edits*. A Orléans, en 1560, les Etats réglerent que Catherine de Médicis gonverneroit le Royaume, conjointement & par le confeil du Roi de Navarre. En 1526, François I difoit à Charles-Quint qu'il n'avoit pu céder la Bourgogne, fans le confentement des Etats-Généraux. A Tours, en 1506, les Etats-Généraux déclarerent à Louis XII qu'il n'avoit pu promettre à Charles d'Autriche, la Bretagne, la Bourgogné, Milan & Genes; qu'il ne pouvoit & ne devoit pas exécuter le Traité de Blois de 1504. Aux Etats-Généraux tenus à Tours, fous Charles VIII, en 1484, le Seigneur de la Roche

dit

dit que le Peuple avoit d'abord élu les Rois ; & leur avoit conféré toute l'autorité dont ils étoient revêtus ; que la fouveraine Puiffance réfidoit foncierement dans le Peuple, c'eft-à-dire dans la collection ou la totalité des Citoyens qui comprend les Princes du fang eux-mêmes, comme chefs de l'Ordre de la Nobleffe. En 1468, fous Louis XI, les Etats donnerent leur décifion fur les appanages. En 1380, aux Etats de Paris, Charles VI, renonça à tout ce qui avoit été innové depuis le regne de Philppe-le-Bel. On lui fit rétablir la Nation dans toutes fes franchifes, libertés, priviléges & immunités. Aux Etats de 1355, le Roi Jean fit tout ce que les Etats voulurent. En 1302, Philippe-le-Bel convoqua les premiers Etats-Généraux contre Boniface VIII.

Croyez-vous, M. de Brienne, qu'il réfulte de toutes ces tenues d'Etats que je fuis feul Légiflateur fans dépendance & fans partage ?

B ij

L'Archevesque.

SIRE, les anciens Jurisconsultes vous attribuent ce grand pouvoir. » Est Roi & Empereur » en son Royaume, & y peut faire Loi & Edit » à son plaisir, dit Boutilliers, Somme rurale, » tit. 34. Sachez, ajoute-t-il ailleurs, que le » Roi de France, qui est Empereur en son » Royaume, peut faire Ordonnances qui tien- » nent & vaillent loi, ordonner & constituer » toutes constitutions. « Férault, qui écrivoit sous le regne de Louis XII, dit : *Antiqua lege regia quæ salica nuncupatur, omne jus omnisque potestas in Regem translata est , & sicut imperatori soli hoc convenit in subditos, ita & Regi ; nam Rex Franciæ omnia jura imperatoris habet, quia non recognoscit in temporalibus superiorem. De jure & privil. Reg. Franc.*

LE ROI.

M. de Brienne, vous voyez dans mes mains l'ouvrage de l'Abbé de Mably, sur l'Histoire de France. Pour vous répondre, je l'ouvre & je lis :

» Je

» Je voudrois savoir de quel article de la Loi Salique Ferault inféroit que toute la puissance publique avoit été conférée au Prince. Jamais, après avoir lu la Loi Salique, a-t-on pu l'appeller *Lex Regia?* Ferault n'en connoissoit que le nom. Nos monuments les plus anciens disent : *Dictaverunt Salicam Legem proceres ipsius Gentis, qui tunc temporis apud eam erant Rectores. Sunt autem electi de pluribus viris quatuor........ Qui per tres mallos convenientes, omnes causarum origines sollicitudo discurrendo, tractantes de singulis judicium decreverunt hoc modo. Præf. Leg. Sal. Hoc decretum est apud Regem & principes ejus, & apud cunctum populum Christianum qui infrà regnum Merowengorum consistunt. Placuit atque convenit inter francos & eorum proceres ut propter servandum inter se pacis studium, omniâ incre——ntâ veterum rixarum resecare ——t. Præf. Leg. Sal. Cum in Dei nomine nos omnes calendas Martias de quascumque conditiones unà cum nostris optimatibus pertractavimus.* Les Rois Mérovingiens ne donnoient aucun ordre

B iij

particulier, aucun diplôme sans employer les formules suivantes : *Una cum nostris optimatibus fidelibus pertractavimus. De consensu fidelium nostrorum. In nostra & procerum nostrorum præsentia.* Les Loix Saliques & Ripuaires, & les Ordonnances des premiers Rois Mérovingiens ne sont point intitulées au nom du Prince. Childebert mit le premier son nom à la tête d'une Ordonnance, *Childebertus, Rex Francorum, vir inluster.* On trouve dans les monuments les plus anciens une Assemblée générale de la Nation, appellée le *Champ de Mars*, en qui résidoit la puissance législative, & un Conseil composé du Roi & des Grands, qui n'étoit chargé que du pouvoir exécutif, ou de décider provisionnellement les affaires les moins importantes ou les plus pressées.

Pepin s'étoit fait une règle de convoquer tous les ans, au mois de Mai, les Evêques, les Abbés, & les Chefs de la Noblesse, pour conférer sur la situation & les besoins de l'Etat. Charlemagne perfectionna cet établissement : il voulut

voulut que les assemblées fussent convoquées
deux fois l'an, (1) au commencement de l'année
& à la fin de l'automne, & la premiere Loi
qu'on publia fut de s'y rendre avec exactitude.
Ce Prince ne crut pas qu'il suffît d'y appeller
les Grands, quelqu'humilié que fût le Peuple
depuis l'établissement des Seigneuries & d'une
Noblesse héréditaire; il en connoissoit les droits
imprescriptibles, & avoit pour lui cette com-
passion mêlée de respect, avec laquelle les
hommes ordinaires voient un Prince fugitif &
dépouillé de ses Etats. Ce ne fut pas seulement
par esprit de justice qu'il fit tous ses efforts pour
lui faire restituer une partie de sa premiere
dignité; il savoit encore que c'étoit le seul moyen
de l'intéresser au bien public, de rapprocher la
Noblesse & le Clergé du Prince, & de les
préparer sans effort à renoncer à la tyrannie

____

(1) *Consuetudo autem nunc temporis talis erat, ut
non sæpius sed bis in anno placita duo tenerentur.* Hincm-
de Ord. p. c. 29.

(24)

qu'ils affectoient, & qui faifoit le malheur du Royaume. Enfin Charlemagne fut affez heureux pour que les Grands confentiffent à laiffer entrer le Peuple (1) dans le Champ de Mai, qui par-là redevint véritablement l'Affemblée de la Nation. (2).

Tant que le Champ de Mars avoit fubfifté fous les premiers fucceffeurs de Clovis, tout homme libre, qui vivoit fous la Loi Salique ou fous la Loi Ripuaire, avoit le privilége de s'y

____

(1) Voyez les Notes de l'Abbé de Mably ; Obferva-tions fur l'Hift. de France, tom. 1 , p. 380.

Ut populus interrogetur de Capitulis quæ in lege naviter addita funt, & poftquam omnes confenferint ; fubfcriptiones & manu firmationes fuas in ipfis Capitulis faciant. Capit. 3 , an. 803.

(2) Les Français étoient peu exacts à fe rendre à leurs Affemblées du Champ de Mars. Elles ne fe tinrent plus réguliérement, & on ceffa bientôt de les convoquer. L'Affemblée qui fe tint à Paris, en 1615, après le fupplice de Brunehand, n'étoit compo-fée que d'Evêques & de Leudes.

rendre

rendre & y occupoit une place. Mais depuis que les Français possédoient un pays très-étendu, & s'étoient extrêmement multipliés par la naturalisation des étrangers, cette méthode n'auroit plus été praticable ; & pour prévenir le trouble & la confusion d'une assemblée trop nombreuse, Charlemagne établit à cet égard un nouvel ordre. Il fut réglé que chaque Comté députeroit au Champ de Mai douze représentans choisis dans la classe des Rachinbourgs' (Assesseurs dans les Justices des Seigneurs,) ou à leur défaut, parmi les citoyens les plus notables de la Cité ; & que les Avoués des Eglises, qui n'étoient encore que des hommes du Peuple, les accompagneroient.

Je ne puis m'empêcher de copier Hincmar en cet endroit. L'Assemblée, dit-il, qui se tenoit à la fin de l'automne, après que la Campagne étoit finie, n'étoit composée que des Seigneurs (1) les plus expérimentés dans les

____

(1) *Aliud Placitum cum senioribus tantum & præcipuis consiliariis habebatur.* Hincm. *de Ord. Pal. C.* 30.

affaires

affaires. Elle régloit les gratifications qui devoient se distribuer, &, jettant les yeux sur l'avenir, préparoit les matieres qui devoient faire l'objet des délibérations dans l'Assemblée suivante. On y discutoit les intérêts du Royaume relativement aux Puissances voisines; on revoyoit les traités; on examinoit avec attention s'il étoit à propos de les renouveller, ou s'il étoit plus avantageux de donner de l'inquiétude à quelque voisin. De là on passoit à l'examen de l'intérieur de l'Etat; on recherchoit la cause des abus présents, & on travailloit à prévenir les maux dont on pouvoit être menacé. Jamais le public n'étoit instruit des vues, des débats, des projets, ni des résolutions de cette Assemblée. Un secret inviolable empêchoit que les étrangers ne pussent se précautionner contre les entreprises dont ils étoient menacés; & dans l'intérieur même du Royaume, que des mécontents ou des esprits jaloux & inquiets, ne s'opposassent par leurs intrigues au bien public.

C'étoit

C'étoit l'Assemblée générale du mois de Mai
suivant, composée des Evêques, des Abbés,
des Comtes, des Seigneurs & des Députés
du Peuple, qui recueilloit le fruit de cette premiere Assemblée. C'est là que se régloit l'Etat
de tout le Royaume pour l'année courante; &
ce qu'on y avoit une fois arrêté, n'étoit jamais
changé, à moins de quelqu'événement imprévu
& qui par son importance auroit intéressé le
sort général de la Nation. Pendant que les trois
Ordres étoient occupés à régler les affaires,
Charlemagne, qui, par respect pour la liberté
publique, n'assistoit pas à leurs délibérations,
mais qui en étoit l'ame par le ministere de
quelques Prélats & de quelques Seigneurs bien
intentionnés, auxquels il avoit communiqué
une partie de ses vues & de ses lumieres, rece-
voit les présents qu'on lui apportoit, suivant
l'usage ancien. Il saluoit les Grands, dit Hincmar, conversoit avec ceux qu'il voyoit rarement,
témoignoit de la bonté aux vieillards, & étoit
gai & enjoué avec les jeunes gens.

Quelquefois

Quelquefois les trois Chambres féparées du Clergé, de la Nobleffe & du Peuple, fe réuniffoient, foit pour fe communiquer les Réglemens que chaque ordre avoit faits par rapport à fa police ou à fes intérêts particuliers, foit pour difcuter les affaires mixtes, c'eft-à-dire, qui tenoient à la fois au fpirituel & au temporel, ou qui par leur nature étoient relatives à deux ou à tous les Ordres de l'Etat. Le Prince ne fe rendoit à l'Affemblée que quand il y étoit appellé, & c'étoit toujours pour y fervir de médiateur, lorfque les conteftations étoient trop animées, ou pour donner fon confentement aux arrêtés de l'Affemblée. Alors il propofoit quelquefois lui-même ce qu'il croyoit le plus avantageux à l'Etat ; & avant que de fe féparer, on portoit enfin ces Loix, connues fous le nom de Capitulaires, qui, foit qu'elles fuffent l'ouvrage de la Nation, foit qu'elle les eût fimplement adoptées, conferverent l'ufage nouvellement établi (1) d'être publiées fous le nom du Prince ,

____

(1) Sous Childebert.

qui

qui y prend le titre de Légiſlateur ſuprême:

Nous voulons , nous ordonnons , nous com-
mandons, dit Charlemagne dans ſes Capitulaires; mais ces expreſſions qui ont fait croire à
pluſieurs écrivains que la *puiſſance légiſlative*
appartenoit toute entiere au Prince, ne pré-
ſentoient point alors à l'eſprit les mêmes idées
que nous y avons attachées depuis; la forme
ſeule du gouvernement les modifioit , & la
conduite même de Charlemagne leur ôtoit cette
âpreté deſpotique dont il étoit ennemi , & qui
eût bleſſé des oreilles libres. Charlemagne vouloit, ordonnoit, commandoit , parce que la
Nation avoit voulu, ordonné & commandé, &
le chargeoit de publier ſes Loix, de les obſerver,
& d'en être le protecteur & le vengeur.

Il n'eſt pas permis en effet de douter que la
puiſſance légiſlative ne réſidât dans le corps de
la Nation. Charlemagne & Louis le Débon-
naire en avertiſſent eux-mêmes, (1) & les

------

(1) *Capitula quæ præterito anno Legi Salicæ cum*
Capitulaires

Capitulaires difent pofitivement que la Loi n'eft autre chofe que la volonté de la Nation publiée fous le nom du Prince. Si Charlemagne a le privilége de faire des Réglements provifoires, dans des cas extraordinaires & urgents, fur lefquels la Loi n'a rien prononcé, on les diftingue (1)

---

omnium confenfu addenda effe cenfuimus. Capit. an. 801. Generaliter omnes admonimus ut Capitula quæ præterito anno Legi Salicæ per omnium confenfum addenda effe cenfuimus, jam non ulterius Capitula, fed tantum Lex dicantur, immò pro Lege teneantur. Capit. an. 821, art. 5. Capitularia patris noftri quæ Franci pro Lege tenenda judicaverunt. Capit. an. 837. Lex confenfu populi fit & conftitutione Regis. Capit. an. 865, art. 6.

(2) Hincmar, en parlant des malverfations des Comtes, établit très-bien cette différence entre les Loix & les Capitulaires, fimplement provifionnels, & qui n'étoient pas revêtus de l'autorité légiflative. Quandò enim fperant aliquid facrari, ad Legem fe convertunt ; quandò verò per Legem non æftimant acquirere, ad Capitula confugiunt : ficque interdum fit, ut nec Capitula pleniter confervantur, fed pro nihilo habeantur, nec Lex.

formellement

formellement des Loix ; & ils n'en acquierent la force. & l'autorité que quand le Champ de Mars les a adoptés. Telle est la doctrine qu'enseignent par-tout les monuments les plus respectables de notre Histoire.

Qu'on examine de près la conduite de Charlemagne, & on le verra toujours scrupuleusement attentif à respecter la liberté qu'il avoit rendue à sa Nation, dans la vue d'y détruire l'esprit de servitude & de tyrannie, de s'intéresser au bien public, & d'en faire l'instrument des grandes choses qu'il méditoit. Il ne se crut jamais obéi aux Champs de Mai ; il observa toujours les Loix, parce qu'elles servoient de fondement à sa grandeur, & pour apprendre à ses Sujets à les respecter.

Si Tassillon, Duc des Bavarois, est condamné à mort par la Nation, à cause de ses infidélités, Charlemagne qui est son parent, & qui par son humanité vouloit gagner le cœur des Peuples tributaires des Français, ne lui accorde point la vie de son autorité privée ; il demande sa grace

à

à l'Assemblée, la sollicite & l'obtient. (1)

Ce Prince ne commande jamais, il propose, il conseille, il insinue. *Je vous envoie, écrit-il aux Evêques assemblés, des Commissaires, qui, en mon nom, concourront avec vous à corriger les abus qui méritent d'être réformés. Je les ai chargés de vous communiquer quelques projets de Réglements que je crois nécessaires. Mais, de grace, ne prenez point en mauvaise part des conseils qui ne sont que le fruit de mon zele pour tout ce qui vous touche.*

Les Assemblées générales d'une Nation qui possede plusieurs grandes Provinces sont peu propres à l'éclairer. On y voit tout nécessairement d'une maniere trop vague, trop confuse, trop sommaire, trop indéterminée. Charlemagne craignoit avec raison que les Loix ne fussent sans force à leur naissance même, ou ne tombassent

---

(1) *Cum omnes Capitalem sententiam proclamarent, Rex, misericordia motus, eo quod consanguineus esset, obtinuit ab ipsis Deï, & suis fidelibus ut non moreretur.*

bientôt

bientôt dans l'oubli, s'il ne mettoit les Français dans la nécessité de connoître en détail par eux-mêmes tous leurs besoins. Il partagea donc tous les pays de sa domination en différents diſtricts ou *légations*, dont chacun contenoit pluſieurs Comtes ; & renonçant à l'uſage ancien, il n'en confia pas l'adminiſtration à un Duc. Il ſentoit qu'un Magiſtrat unique à la tête de chaque Province négligeroit ſes devoirs, ou abuſeroit de ſon autorité. Des Officiers, au nombre de trois ou quatre, choiſis dans l'ordre des Prélats & de la Nobleſſe, & qu'on nomma *Envoyés royaux*, furent chargés du gouvernement de chaque légation ; & obligés de la viſiter exacte-ment de trois en trois mois.

Outre les aſſiſes qui ne regardoient que l'adminiſtration de la juſtice, entre les Citoyens, ces eſpeces de cenſeurs tenoient tous les ans dans leur Province des états particuliers, où les Evêques, les Abbés, les Comtes, les Seigneurs, les Avoués des Egliſes, les Vicaires des Comtes, les Centeniers & les Rachinbourgs étoient obli-

gés de se trouver en personne ; ou par leurs
repréſentants , ſi quelque cauſe légitime les tenoit
ailleurs. On traitoit dans ces Aſſemblées de
toutes les affaires de la Province ; tous les objets
y étoient vus dans leur juſte proportion ; on
examinoit la conduite des Magiſtrats & les
beſoins des particuliers. Quelque Loi avoit-elle
été violée ou négligée ? On puniſſoit les coupables. Les abus en naiſſant étoient réprimés, ou
du moins ils n'avoient jamais le temps d'acquérir
aſſez de force pour lutter avec avantage contre
les Loix. Les Envoyés faiſant le rapport au
Prince , & à l'Aſſemblée générale , de tout ce
qu'ils avoient vu, l'attention publique, quelque
vaſte que fût l'étendue de l'Empire français , ſe
fixoit en quelque ſorte ſur chacune de ſes parties.
Rien n'étoit oublié , rien n'étoit négligé. La
Nation entiere avoit les yeux continuellement
ouverts ſur chaque homme public. Les Magiſtrats, qu'on obſervoit , apprirent à ſe reſpecter
eux-mêmes. Les mœurs, ſans leſquelles la liberté
dégénere toujours en une licence dangereuſe,

ſe

se corrigèrent ; & l'amour du bien public, uni à la liberté, se rendit de jour en jour plus agissante & plus salutaire.

Le Champ de Mai apprit à se défier de la prospérité, à craindre pour l'avenir, à préparer les obstacles aux abus, à remonter à la source du mal, & fut en état de s'élever jusqu'aux principes d'un bon gouvernement, ou du moins de les connoître, & les saisir quand Charlemagne les lui présentoit. De là cet amour de la Patrie & de la Gloire, qui parut pour la premiere fois chez les Français, & en fit une Nation toute nouvelle. A mesure que les différents ordres de l'Etat, traitant ensemble par la médiation de Charlemagne, se rapprochoient, & oublioient leurs anciennes inimitiés, ils sentoient accroître leur bonheur particulier & leur attachement pour l'ordre. En divisant tout, dit un Tyran, je me rendra tout-puissant. Soyez unis, disoit Charlemagne à ses Peuples, & nous serons tous heureux ; agissant enfin avec le zèle qui donne la liberté, & avec cette union qui multiplie les forces, rien ne put résister aux Français. Ils soumirent une partie de l'Espagne, toute l'Italie, toutes ces vastes contrées qui s'étendent jusqu'à la Vistule & à la mer Baltique; & la gloire du nom Français, pareille à celle des anciens Romains, passa jusqu'en Afrique & en Asie.

Les Français étonnés comprirent, par leur propre expérience, qu'une classe de Citoyens pouvoit être heureuse sans opprimer les autres. Charlemagne retira en quelque sorte la Nation du cahos où elle se trouvoit. Aux loix il joignit son exemple, peut-être encore plus efficace. Qu'on voie dans Hincmar le tableau qu'il nous a laissé de l'ordre admirable qui régnoit dans le Palais. Charlemagne ne vouloit pas avoir pour Officiers ou pour Ministres, des Courtisans, mais des hommes qui aimassent la vérité & l'Etat, qui fussent connus par leur expérience, leur discrétion, leur exactitude, leur sobriété, & assez fermes dans la pratique de leur devoir, non-seulement pour être inaccessibles aux présens, mais pour ne pouvoir pas même être

ébloüis

éblouis & trompés par la flatterie, l'amitié &
les liaisons du sang.

La Cour, loin d'être un écueil pour la vertu
qui y seroit arrivée, étoit une école où les Français
apprenoient à connoître le prix de l'honneur ,
de la Justice & de la générosité. N'en doutons
pas, car l'auguste simplicité du Prince faisoit
ignorer aux courtisans tous les besoins superflus
& ridicules, qui, en les appauvrissant dans le
sein de l'abondance, n'en font presque toujours
que des esclaves prostitués à la fortune. La
magnificence, le luxe, la pompe, la prodigalité
des Cours détruisent les mœurs publiques ; ce
font autant de preuves certaines de la misere des
Peuples, & d'avant-coureurs de la décadence
des Empires.

Bien des Princes ont cru qu'ils devoient se
rendre tout-puissants pour donner de la force
aux Loix ; mais souvent, en aigrissant les esprits,
ils n'ont éprouvé qu'une plus grande résistance.
S'ils ont réussi, ils ont presque toujours abruti
leurs Sujets par la crainte; ou s'ils ont été assez

éclairés pour ne pas abufer du pouvoir qu'ils ont acquit, ils l'ont laiffé à des fucceffeurs indignes d'eux : & le bien paffager qu'ils ont produit contre les regles, & par la force, eft devenu l'inftrument d'une longue calamité. Charlemagne, dont les vues embraffoient également l'avenir & le préfent, ne voulut pas faire le bonheur de fes contemporains aux dépens de la génération qui lui fuccéderoit : il apprit aux Français à obéir aux Loix, en les rendant eux-mêmes leurs propres Légiflateurs. « (*Obſervations ſur l'Hiſtoire de France, tom.* I *, liv.* 2 *, chap.* 2.)

Eh bien, M. de Brienne? »

L'ARCHEVESQUE.

SIRE, un Roi de France ne lut jamais rien d'un plus grand intérêt. Ce que je viens d'entendre me caufe une vive émotion, &, ce qui me charme & me tranfporte, je vois le fentiment de grandeur & de magnanimité qui rayonne en ce moment fur toute la perfonne de VOTRE MAJESTÉ.

LE

LE ROI.

Soyons de bonne foi : croyez-vous à préfent que je fois feul Légiflateur, fans dépendance & fans partage ? Croyez-vous que je doive prétendre feul à la puiffance légiflative, à l'ex-clufion de la Nation & de fes repréfentants ? A vos yeux, fuis-je encore l'image de Dieu ? Moi, je fais très-bien que je ne fuis qu'un homme. Penfez – vous auffi que je ne dois compte de mon gouvernement qu'à Dieu feul ?

L'ARCHEVESQUE.

SIRE, vous avez l'Abbé de Mably, l'exemple de Charlemagne, votre confcience, & votre magnanimité.

LE ROI.

Les Loix ne font proprement que les con-ditions de l'affociation civile. Le Peuple foumis aux Loix doit en être l'auteur : il n'appartient qu'à ceux qui s'affocient de régler les conditions de la fociété. Le Peuple même ne peut, quand

il le voudroit, se dépouiller de ce droit incom-
municable; il n'y a que la volonté générale qui
oblige les particuliers. Celui qui rédige les Loix
ne doit avoir aucun droit législatif; & on ne
peut jamais s'assurer qu'une volonté particuliere
est conforme à la volonté générale qu'après
l'avoir soumise aux suffrages libres du Peuple.

L'A R C H E V E S Q U E.

SIRE, je n'entreprendrai pas de combattre
ces grandes maximes.

L E   R O I.

Un défaut essentiel, qui met le gouvernement monarchique au-dessous du républicain,
est que dans celui-ci la voix publique n'élere
presque jamais aux premieres places que des
hommes éclairés & capables, qui les remplissent
avec honneur : au lieu que ceux qui parvien-
nent dans les monarchies, ne sont le plus souvent que de petits brouillons, de petits fripons,
(c'est le dur Jean-Jacques qui se permet toutes
ces duretés,) de petits intrigants, à qui les

petits

petits talents, qui font dans les Cours parvenir aux grandes places, ne fervent qu'à montrer au public leur ineptie auffi-tôt qu'ils y font parvenus. Le peuple fe trompe bien moins fur ce choix que le Prince, & un homme d'un vrai mérite eft prefque auffi rare dans le miniftere qu'un fot à la tête du gouvernement républicain. Auffi, quand, par quelque heureux hafard, un de ces hommes, nés pour gouverner, prend le timon des affaires dans une monarchie prefque abimée par ces tas de jolis régiffeurs, on eft tout furpris des reffources qu'il trouve, & cela fait époque dans un pays.

Dans les monarchies on a rendu les couronnes héréditaires dans certaines familles, & l'on a établi un ordre de fucceffion qui prévient toute difpute à la mort des Rois : c'eft-à-dire, que pour éviter l'inconvénient des élections, on a préféré une apparente tranquilité à une adminiftration fage, & qu'on a mieux aimé rifquer d'avoir pour chefs des enfants, des..... que d'avoir à difputer fur le choix des bons Rois.

Un

Un autre défaut de la monarchie eſt l'inconſtance du gouvernement royal, qui, ſe réglant tantôt ſur un plan & tantôt ſur un autre, ſelon le caractere du Prince qui regne, ou des gens qui regnent pour lui, ne peut avoir long-temps un objet fixe ni une conduite conſéquente : variation qui rend toujours l'état flottant de maxime en maxime, de projet en projet, & qui n'a pas lieu dans les autres gouvernements où le Prince eſt toujours le même. Auſſi, voit-on qu'en général, s'il y a plus de ruſe dans une Cour, il y a plus de ſageſſe dans un Sénat, & que les républiques vont à leurs fins par des vues plus conſtantes, & mieux ſuivies ; au lieu que chaque révolution dans le miniſtere en produit une dans l'état, la maxime commune à tous les Miniſtres, & preſque à tous les Rois, étant de prendre en toute choſe le contrepied de leur prédéceſſeur.

M. de Brienne, pour parer à ces inconvénients, je ne vois rien de mieux à faire que de remettre à la Nation la puiſſance légiſlative, comme les

Parlements

Parlements lui ont remis le droit de confentir les Impôts. Des Affemblées nationales periodiques tenues tous les ans ou convoquées de droit à des diftances plus éloignées, fans befoin de convocation de la part du Prince ; en un mot, des Affemblées comme celles qui avoient lieu du temps de Charlemagne, fauveront la France des inconvénients, bien reconnus, de la monarchie, & lui procureront les avantages d'un gouvernement républicain.

L'A R C H E V E S Q U E.

SIRE, n'en réfulteroit-il pas une grande & dangereufe innovation ?

LE ROI.

Déjà les Affemblées Provinciales tiennent lieu des Etats Provinciaux établis fous Charlemagne : la révolution eft donc commencée. La convocation des Etats eft promife, annoncée, & fera prochaine : la révolution eft donc pour ainfi dire néceffaire ; j'ajoute qu'elle eft inévitable

table depuis que le Peuple, par l'organe des Parlements, s'eſt fait reconnoître le droit de conſentir librement l'Impôt.

L'ARCHEVESQUE.

SIRE, VOTRE MAJESTÉ n'aura plus d'autorité, vos Miniſtres n'auront plus de pouvoirs.

LE ROI.

Penſez - vous que Charlemagne fût ſans pouvoir & ſans autorité?

L'ARCHEVESQUE.

Si le Prince n'a pas un grand aſcendant ſur les Aſſembiées Nationales, n'arrivera-t-il pas qu'elles ne produiront comme autrefois que beaucoup de diſputes & de remontrances inutiles?

LE ROI.

Non, je ne le crois pas; & ce qu'il y a d'hommes libres & de Citoyens en France ne le croira pas davantage.

L'ARCHEVESQUE.

L'Archevesque.

Au moins est-il certain que l'autorité de Votre Majesté perdra beaucoup.

LE ROI.

M. de Brienne, faisons un dernier effort; écoutons encore cette leçon, quoique trop dure, d'un homme sujet à exagérer.

» Ta liberté, ton pouvoir ne s'étendent » qu'aussi loin que tes forces naturelles, & pas » au-delà; tout le reste n'est qu'esclavage, » illusion, prestige. La domination même est » servile, quand elle tient à l'opinion : car tu » dépends des préjugés de ceux que tu gou- » vernes par les préjugés. Pour les conduire » comme il te plaît, il faut te conduire comme » il leur plaît. Ils n'ont qu'à changer de maniere » de penser, il faudra bien par force que tu » changes de maniere d'agir. Ceux qui t'ap- » prochent n'ont qu'à savoir gouverner les opi- » nions du Peuple que tu crois gouverner, ou » des Favoris qui te gouvernent, ou celles de

» ta famille, ou les tiennes propres, ces Vifirs,
» ces Courtifans, ces Prêtres, ces Soldats,
» ces Valets, ces Caillettes, & jufqu'à des
» Enfants, quand tu ferois un Themiftocle en
» génie (1), vont te mener comme un enfant
» toi-même au milieu de tes légions. Tu as
» beau faire; jamais ton autorité réelle n'ira
» plus loin que tes facultés réelles. Si-tôt qu'il
» faut voir par les yeux des autres, il faut
» vouloir par leurs volontés. Mes peuples font
» mes Sujets, dis-tu fièrement. Soit; mais toi,
» qu'es-tu ? Le Sujet de tes Miniftres : & tes
» Miniftres à leur tour que font-ils ? Les Sujets
» de leurs Commis, de leurs Maîtreffes, les

______

(1) » Ce petit garçon que vous voyez là, difoit
» Thémiftocle à fes amis, eft l'arbitre de la Grece ;
» car il gouverne fa mere, fa mere me gouverne, je
» gouverne les Athéniens, & les Athéniens gouver-
» nent les Grecs. Oh ! quels petits conducteurs on
» trouveroit fouvent aux plus grands Empires, fi du
» Prince on defcendoit par dégrés jufqu'à la première
» main qui donne le branle en fecret. «

Valets

» Valets de leurs Valets. Prenez tout ; ufur-
» pez tout & puis verfez l'argent à pleines
» mains , dreffez des batteries de canon ,
» élevez des gibets , des roues , donnez des
» Loix, des Edits , multipliez les efpions,
» les foldats , les bourreaux , les prifons , les
» chaînes ; pauvres petits hommes , de quoi
» vous fert tout cela? Vous n'en ferez ni mieux
» fervis , ni moins volés , ni moins trompés ,
» ni plus abfolus. Vous direz toujours nous
» voulons, & vous ferez toujours ce que vou-
» dront les autres.

L'ARCHEVESQUE.

SIRE, VOTRE MAJESTÉ veut donc fe dé-
mettre de la puiffance légiflative.

LE ROI.

Je crois que je ne gagnerois pas à l'ufurper.
Je crois quelle ne m'a jamais appartenu. Je
crois que je ne puis mieux faire que de marcher
fur les traces de Henri IV , de Louis XII , &
de Charlemagne.

Vous appercevez fans doute qu'il n'eft pas
dans mes principes de croire la Nation engagée
par le Lit de Juftice du 8 Mai. Voyez le Garde
des Sceaux ; faites-lui part de notre entretien :
demain je le continuerai avec lui fur la Cour
Pléniere , les Parlements , & les Grands-Bailliages.

LE ROI

ET

SES MINISTRES.

DIALOGUE.

SECONDE PARTIE.

Le véritable & solide amour de la Patrie, consiste à contribuer à sa liberté autant qu'il nous est possible.

Voltaire.

1789.

LE ROI

ET

SES MINISTRES.

LE ROI
ET M. LE GARDE DES SCEAUX.
SECOND DIALOGUE.

LE MINISTRE.

SIRE, dans fon entretien avec M. de
Brienne, VOTRE MAJESTÉ a commencé par
fe déclarer contre l'efpionnage.

LE ROI.

OUI. La liberté de penfer eft de droit

snaturel. ¡Penser produit le besoin de communiquer ses pensées, & dans un peuple comme dans un particulier, l'indifférence, à cet égard, est un signe de stupidité. Je dis encore que le danger de s'instruire détruit l'instruction; & que, quand il est dangereux de parler des affaires publiques, personne ne s'y intéresse. Cependant le Prince n'est fort que de la force de la Nation; la Nation n'est forte que de la sagesse de son administration; & il est impossible, dans un Gouvernement où l'on présente l'homme qui pense, & où l'on aveugle ses Citoyens, que la Nation produise de grands Administrateurs.

Voilà mes raisons contre l'espionnage. Il est destructeur de l'amour de la Patrie; & je voudrois ressusciter en France un sentiment qui a produit les plus grands prodiges de vertu.

Le Ministre.

Votre Majesté veut rendre à la Nation sa puissance législative, rapprocher son Gouvernement du Gouvernement de Charlemagne, & marcher sur les traces de ce grand Roi.

Le Roi.

J'ai osé concevoir ce grand dessein. Je crois

que la volonté générale est la source & le sup-
plément de toutes les Loix. Que la première
& la plus importante maxime du Gouvernement légitime, c'est-à-dire, de celui qui a
pour objet le bien du Peuple, est de suivre en
tout la volonté générale. Or, pour la suivre,
il faut la connoître; & pour la connoître,
j'assemble la Nation. J'ouvre le Champ de
Mars.

Le Ministre.

Sire, si nous consultions chaque homme
en particulier, nous trouverions, en général,
qu'ils voudroient tous avoir des droits, &
point de devoirs; recevoir beaucoup, & ne
donner rien; & ce penchant naturel ne leur
permet pas d'être Législateur. Le pouvoir législatif ne peut être le partage d'une Nation,
d'une multitude d'hommes, parmi lesquels il
subsiste & doit subsister des droits inégaux, &
qui cependant voudroient, tous séparément,
que l'inégalité fût en leur faveur.

Lorsqu'une société renferme une multitude
d'hommes très-nombreuse, & qu'il s'agit de
constater, d'une manière claire & positive,
tous les devoirs & tous les droits réciproques
qu'ils doivent avoir entr'eux, cette multitude
ne peut plus être législatrice; il ne s'agit plus

pour elle d'établir des Loix, mais seulement de développer les conséquences de celles qui sont déjà établies, & d'en faire l'application aux différens cas qui doivent se présenter successivement. Ceux qui composent cette multitude, ne peuvent alors s'attribuer de telles fonctions: en les exerçant, ils se trouveroient être juges & parties; & l'opposition de leurs intérêts particuliers les mettroit dans la nécessité de recourir à la force pour les faire valoir. Il devient donc, d'une nécessité absolue, que le pouvoir législatif soit déposé dans des mains qui n'aient rien de commun avec les motifs qui peuvent concourir à l'égarer; qu'il soit confié, dans tout son entier, à une puissance qui ne puisse avoir d'autre intérêt que celui de conserver, par rapport à chacun en particulier, l'ordre des devoirs & des droits, tels qu'ils doivent être, d'après les Loix fondamentales & constitutives de la société. Or cette puissance ne peut être que le Monarque.

Ceux qui desirent à une Nation le pouvoir législatif, la considèrent comme ne formant qu'un seul corps, & de-là ils concluent que ce corps ne doit avoir d'autre Législateurs que lui-même, parce qu'il ne peut recevoir de loix que de ses propres volontés.

« Nous regardons une Nation comme un corps; nous difons qu'elle forme un corps, fans examiner ni pourquoi ni comment. Il eſt certain qu'elle forme un corps dans tous les cas, où un intérêt commun & connu imprime à tous ceux qui la compoſent une volonté commune : car c'eſt préciſément cette unité de volonté, qui permet que pluſieurs puiſſent être conſidérés comme ne formant qu'un ſeul & même individu.

Quand on enviſage une Nation dans les rapports qu'elle a avec le Souverain, on voit tous ſes membres ſoumis à une même autorité, agiſſant, par conſéquent, d'après une même volonté : dans ce point de vue, ils forment un corps; & ils le forment toujours, parce qu'étant tous, & toujours gouvernés par une même volonté, ils ont tous, & toujours la même direction. Mais, entrez dans quelques détails; décompoſez cette Nation; ſuivez ſa diſtribution naturelle en différentes profeſſions, en différens ordres de Citoyns; interrogez chaque claſſe en particulier, vous les trouverez toutes déſunies & diviſées par des intérêts oppoſés; alors vous verrez que chaque claſſe eſt un corps ſéparé, qui ſe ſub-diviſe à l'infini, & que cette Nation, qui vous paroiſſoit n'être qu'un corps, en forme une multitude qui voudroient tous s'accroître aux dépens les uns des autres.

Cette grande oppofition qui règne entre les intérêts particuliers des différentes claffes d'hommes qui compofent une Nation, ne permet pas qu'on puiffe, à cet égard, la confidérer comme un corps : pour qu'elle ne formât réellement qu'un corps, il faudroit qu'il y eût chez elle unité de volonté, unité d'intérêt ; fans cela, impoffible de concilier les prétentions. Ce qu'on appelle une Nation en corps, telle qu'on la veut pour qu'elle puiffe exercer le pouvoir légiflatif, n'eft donc autre chofe qu'une Nation affemblée dans un même lieu, où chacun apporte fes opinions perfonnelles, fes prétentions arbitraires, & la ferme réfolution de les faire prévaloir. Voilà ce prétendu corps qu'on veut établir Légiflateur ; il faut convenir qu'il eft choifi fort fingulièrement ; mais, n'importe, allons aux voix, & délibérons.

Il n'eft que deux façons de procéder aux délibérations. Les réfultats doivent être formés par l'unanimité de tous les fuffrages, ou feulement par leur pluralité. L'unanimité eft une chofe dont on ne peut fe flatter, vu la contradiction des intérêts, des prétentions, & même des opinions. D'ailleurs, s'affujettir

jettir à ne déférerqu'à cette unanimité, ce seroit une loi choquante, & contre nature ; car, alors un seul & unique opposant, quel qu'il fût, seroit toujours présumé être lui seul aussi sage, aussi éclairé que tous les autres ensemble ; & il se trouveroit aussi fort que toute la Nation en corps. Une telle Loi mettroit les hommes dans le cas de respecter également la vérité la plus évidente, l'intérêt commun le plus généralement reconnu, & une simple opinion particulière qui leur seroit opposée sans raison.

La Loi proposée est donc reçue à la pluralité des suffrages. Mais alors ce n'est plus toute la Nation en corps qui fait la Loi ; c'est une portion seulement de la Nation qui la dicte à l'autre portion : ainsi l'un la fait, & l'autre la reçoit contre sa volonté ; celle-ci, par conséquent, ne fait point partie du corps législatif ; si elle souscrit à la Loi, ce n'est pas qu'elle l'accepte librement & volontairement, mais c'est qu'elle y est contrainte par des forces supérieures aux siennes.

On a donc abusé du mot, lorsqu'on a prétendu que la Nation en corps pourroit être législatrice, & qu'on s'est flatté d'écarter, par ce moyen, les mouvemens qui se trouvent dans l'opposition des intérêts particuliers. Le rapprochement momentané des individus ne fait pas cesser cette opposition : de ce rapprochement, fait ou à faire, il résulte seulement des associations, & ces associations forment un parti, qui, se trouvant le plus nombreux, le plus fort, devient dominant dans la Délibération : l'assemblée finit ainsi par asservir la foiblesse des uns à la force des autres. Je laisse à décider si, en pareil cas, cette Nation, qu'on regarde comme un corps, n'est pas, au contraire, une Nation très-réellement divisée.

Quoi qu'il en soit, la Loi est reçue ; elle est faite, & la Nation, qui ne peut rester toujours assemblée, se disperse. Aussi-tôt elle cesse d'être un corps ; car elle n'en étoit un qu'à raison de ce qu'elle se trouvoit toute réunie dans un même lieu. Alors ceux qui ont été d'un avis contraire à la Loi, ont tout l'avantage. Les autres qui ont fait force pour l'établir, ne font plus force pour la faire observer ; elle est absolument abandonnée à la direction de ceux, dont l'autorité prend la place de celle de la Nation en corps. Ainsi le résultat de toute cette opération, faite par la Nation en corps, est que les uns n'ont pu parvenir à faire une Loi, & que les autres ont fait une Loi nulle, parce qu'elle est sans autorité.

Mais, dira-t-on, si ceux qui, après la dis-
solution de l'Assemblée nationale , restent
chargés du soin de faire observer les Loix ,
les méprisent & s'élèvent au - dessus d'elles ,
la Nation elle-même peut y remédier : à cet
effet, elle peut indiquer des Assemblées à des
époques fixes & périodiques, pour y recevoir
les plaintes des infractions faites aux Loix.
Cet expédient, qui d'ailleurs ne pourroit convenir qu'à un peuple très - peu nombreux, &
resserré dans un territoire fort étroit, tend
précisément à ériger l'Assemblée nationale en
Tribunal supérieur ; & en cela, on a tombé
dans une contradiction choquante ; car, dans
l'Assemblée nationale, tous ceux dont on se
plaindroit comme infracteurs aux Loix, ou
comme ayant profité de leurs infractions, auroient séance & voix délibérative comme les
autres : ils se trouveroient ainsi juges & parties : cependant si vous voulez les en exclure ,
de telles Assemblées ne seront plus de la Nation en corps , mais un corps particulier formé
dans la Nation, & qui, par conséquent, jouira
d'un pouvoir arbitraire, qui le rendra pleine-
ment indépendant de la Nation.

LE ROI.

TOUTE société politique est, en effet, composée d'autres sociétés plus petites, de différentes espèces, dont chacune a ses intérêts, a ses maximes, & toutes ces associations modifient les apparences de la volonté publique, par l'influence de la leur. la volonté de ces sociétés particulières, a toujours deux relations. Pour les membres de l'association, c'est une volonté générale; pour la grande société, c'est une volonté particulière, qui très-souvent se trouve droite au premier égard, & vicieuse au second: Tel peut être Prêtre dévot, ou brave soldat, ou Patricien zélé, & mauvais Citoyen. Telle délibération peut être avantageuse à la petite Communauté, & très-pernicieuse à la grande. Mais les sociétés particulières sont subordonnées à la grande société. Les devoirs de citoyen, vont avant ceux de soldat, & ceux de l'homme vont avant ceux du citoyen. Et s'il est vrai que malheureusement l'intérêt personnel se trouve souvent en raison inverse du devoir, c'est précisément une preuve invincible, que la volonté *la plus générale*, est aussi toujours la plus juste, & que la voix du Peuple est en effet la voix de Dieu.

Il n'y a qu'une seule Loi, qui par sa nature, exige un consentement unanime. C'est le pacte social : car l'association civile est l'acte du monde le plus volontaire. Tout homme est né libre, & maître de lui-même. Nul ne peut, sous quelque prétexte que ce puisse être, l'assujettir sans son aveu.

Si lors du pacte social, il se trouve des opposans, leur opposition n'invalide pas le contrat, elle empêche seulement qu'ils n'y soient compris ; ce sont des étrangers parmi les citoyens. Mais quand l'Etat est institué, le consentement est dans la résidence ; habiter le territoire, c'est se soumettre à la Souveraineté.

Hors ce contrat primitif, la voix du plus grand nombre oblige toujours tous les autres.

Vous me demandez, comment un homme peut être libre, & forcé de se conformer à des volontés qui ne sont pas les siennes ? Comment les opposans sont libres & soumis à des Loix auxquelles ils n'ont pas consenti ?

Je vous réponds, que le citoyen consent à toutes les Loix, même à celles qu'on paſſe malgré lui, & même à celles qui le puniſſent, quand il oſe en violer quelqu'une. La volonté conſtante de tous les membres de l'Etat, eſt d'être gouverné ſelon les Loix émanées de la volonté générale. C'eſt par la volonté générale que les membres de l'Etat ſont citoyens & libres. Quand on propoſe une Loi, dans une Aſſemblée, ce qu'on demande à chacun, n'eſt pas préciſément, s'il approuve la propoſition, ou s'il la rejette; mais ſi elle eſt ſa ſienne. Chacun en donnant ſon ſuffrage, dis ſon avis là-deſſus, & du calcul des voix, ſe tire la déclaration de la volonté générale. Quand l'avis contraire au mien l'emporte, cela prouve que je m'étois trompé, & que ce que j'eſtimois être la volonté générale, ne l'étoit pas. Si mon avis particulier l'eut emporté, j'aurois fait autre choſe, que ce que j'avois voulu; car, j'ai toujours voulu que la volonté générale fît la Loi.

Suppoſer tous les abus dans le parti qu'on attaque, & n'en ſuppoſer aucun dans le ſien, eſt un ſophiſme bien groſſier, & bien ordinaire, dont tout homme ſenſé doit ſe garantir. Il faut ſuppoſer des abus de part & d'autre, parce qu'il s'en gliſſe par-tout; mais ce n'eſt pas à dire, qu'il y ait égalité dans leurs conséquences. Tout abus est un mal, souvent inévitable, pour lequel on ne doit pas proscrire ce qui est bon en soi. Mais comparez, & vous trouverez, d'un côté, des maux sûrs, des maux terribles, sans bornes & sans fin; de l'autre, l'abus même difficile, qui, s'il est grand, sera passager, & tel que, quand il a lieu, il porte toujours avec lui son remède. Car il n'y a de liberté possible, que dans l'observation des Loix ou de la volonté générale, & il n'est pas plus dans la volonté générale de nuire à tous, que dans la volonté particulière de nuire à soi-même. Mais supposons l'abus de la liberté aussi naturel que l'abus de la puissance, il y aura toujours cette différence, entre l'un & l'autre, que l'abus de la liberté tourne au préjudice du Peuple qui en abuse, & le punissant de son propre tort, le force à en chercher le remède; ainsi, de ce côté, le mal n'est jamais qu'une crise, il ne peut faire un état permanent. Au lieu que l'abus de la puissance, ne tournant point au préjudice du puissant, mais du faible, est par sa nature, sans mesure, sans frein, sans limites.

Plus les États sont étendus, plus les abus s'y glissent facilement, on ne peut nier cette vérité. Quelque vaste cependant que soit un

Empire, le nombre ni l'étendue de ses Provinces n'opposent pas à la politique des obstacles insurmontables, soit qu'on veuille le réformer, soit qu'on veuille simplement y conserver le bon ordre. Les hommes ont par-tout la même raison, les mêmes besoins, les mêmes qualités sociales, & le principe des mêmes passions; voilà un grand point de réunion. Un Législateur habile, en ne donnant à différentes Provinces, que les mêmes Loix, le même gouvernement, & le même intérêt, pour n'en former qu'un seul Etat, dont les ressorts & les mouvemens seront réguliers; à force d'art, il peut opposer aux abus, qui naissent dans une société étendue, des Magistrats aussi vigilans que ceux d'une petite république. Il ne faut, pour réussir dans cette entreprise, que décomposer, pour ainsi dire, un Etat, & faire de toutes les Provinces, autant de républiques fédératives. Leur union fera leur force au dehors, & la médiocre étendue de leur territoire, fera leur sûreté au dedans.

Charlemagne nous a offert l'exemple, le modèle de cette politique, & nous venons de l'imiter. Il commença par diviser les terres de sa domination, en cent Provinces différentes; tout son secret fut d'y former

des

des Affemblées particulières, où tous les Ordres des citoyens furent admis, & qui furent chargés de veiller à tous les befoins de leur diftrict, d'y réprimer les abus, & d'y faire refpecter les Loix. Par ce partage, chaque Province prit fans effort le mouvement qu'on vouloit lui imprimer, & l'Empire entier eut un nouvel efprit, & de nouvelles mœurs. Ce Gouvernement auroit été folidement affermi, fi les circonftances malheureufes où Charlemagne fe trouva, lui euffent permis de faire tous les établiffemens que lui dictoit fa fageffe; & fi fon fils eût été affez courageux, & affez éclairé pour mettre la dernière main à ce grand ouvrage, je veux dire, pour conferver à chaque Province fa forme de République, & faire refpecter ces Champs de Mai ou ces Affemblées générales, qui fervoient de lien à toutes les parties de l'Empire, en ne leur donnant qu'un même intérêt.

La Puiffance fuprême, partagée dans toutes les claffes des Citoyens, eft l'ame qui, répandue également dans tous les membres d'un Etat, le vivifie, le rend fain & robufte.

Il eft pourtant vrai que, quand tous les Citoyens d'un Etat font affemblés, l'Etat n'a plus de frein. Qui peut modérer fes caprices?

Qui peut lui prefcrire des Loix ? Qui peut l'obliger d'obéir à celles qu'il a faites ? N'eft-il pas le maître de les changer, de tout diffoudre, & de donner, en un mot, une nouvelle forme au Gouvernement ? A qui doit-il compte de fa conduite ? Dans un moment de fermentation, d'enthoufiafme, de colère ou de reconnoiffance, les Loix les plus fages & les plus refpectées, ne font pas toujours en sûreté.

Mais dans les pays où la Nation, trop nombreufe, n'eft affemblée que par fes Repréfentans, les Diètes font moins hardies, moins capricieufes, moins légères, moins inconftantes, parce qu'elles ont un Cenfeur dans le corps de la Nation qui les obferve. Des Députés qui, naturellement, doivent defirer l'eftime de leurs Commettans, & qui peuvent être défavoués, ont, fans effort, de la circonfpection, de la retenue. Ils font foumis aux règles établies ; s'ils les violent, leurs actes font nuls, & le cri de la Nation les avertit qu'ils ont trahi leur devoir.

Une Nation qui ne contribue en rien aux Loix, ne manquera jamais de les prendre pour un joug incommode. Elle fe défiera toujours d'un Prince qui veut décider de fon fort ; cette défiance ôte aux Loix leur force, dans le moment même où elles sont publiées : la légèreté avec laquelle on les multiplie, dégrade le Législateur ; il a beau assurer que son Edit irrévocable est fait pour subsister éternellement ; on ne le croit pas. On sait, par expérience, que l'ouvrage d'un caprice doit être bientôt détruit par un autre caprice.

D'où je conclus qu'un peuple n'aura de confiance en ses Loix, qu'autant qu'il sera lui-même son propre Législateur. Cependant je ne confierois pas la puissance législative à la multitude. Quand le peuple fait ses Loix, c'est l'intrigue, l'engouement, la précipitation, la cabale, ou l'esprit de parti qui les publie. C'est donc aux hommes, que chaque Ordre a choisi pour se représenter, que cette autorité suprême doit être confiée. Il faut même soumettre cette auguste Assemblée à de certaines formalités, qui répondent, en quelque sorte, de la sagesse avec laquelle elle procédera dans les opérations ; que rien ne puisse se décider par acclamation ; que le propre d'une Loi nouvelle, ou d'une Loi qu'on veut corriger, soit remise à un comité chargé d'en faire l'examen. Huit jours après que les Commissaires auront fait leur rapport, il sera permis à chaque membre & à l'Assemblée, de parler pour la Loi ; on laissera encore passer huit jours avant que d'aller aux opinions. La puiffance légiflative ne fauroit trop réfléchir, & fe replier fur elle - même ; alors on recueillera les fuffrages de la manière la plus propre à entretenir l'ordre & prévenir la confufion.

Si chaque Député n'a pas le droit de propofer, à fon gré, une nouvelle Loi, ou la réformation d'une ancienne, vous expofez la puiffance légiflative aux plaintes d'une partie de l'Etat. S'il faut des formalités pour obtenir cette permiffion, vous ouvrez la porte à l'intrigue, & l'intrigue ne fera jamais que des Loix injuftes. Un Député, qui ne dépend pas de fes Commettans, peut croire qu'il a une autorité qui lui eft propre, & trahir leurs intérêts : qu'il ne puiffe donc faire quelque demande qu'autant qu'il fera autorifé par fes inftructions. Cette méthode liera plus étroitement les Citoyens à la puiffance légiflative ; elle attachera les Repréfentans à leur devoir ; la confiance naîtra, & les Loix feront plus refpectées (1).

---

(1)　　　　　C E S A R.

.E neceffario a Roma
Che un fol comandi.

LE MINISTRE.

Je crois, en effet, qu'elles doivent l'être

CATON.

E necessario a Lei
Ch'aqualmente ciascun comandi è serva

CESAR.

E la publica cura
Zu credi più sicura in mano a tanti
Discordi negli affetti, e ne' pareri?
Meglio il voler d' un solo
Regola sempre altrui. Solo fra Nesmi
Giove il tutto dal ciel governa e' mare.

CATON.

Dov'e costui che rassomigli a Giove?
Io non lo reggo; ci se vi fosse ancora
Diverebbe tiranno in un momento.

CESAR.

Chi non soffre un sol, ne soffre cento.

CATON.

Così parla un nemico
Della Patria e del giusto. Inlesi assai

Catòne in Utica. MITASTASIO, Atto II, Scena XI

d'avantage dans un pays où le droit de lé-
giſlation eſt commun à tous les Citoyens, &
que perſonne ne peut ſavoir mieux qu'eux
ſous quelles conditions il leur convient de
vivre enſemble dans une même ſociété.

L E R O I.

Voyez donc maintenant les conſéquences
de mes principes. Je vous ai dit que la volonté
générale eſt la ſource & le ſupplément de
toutes les Loix ; que la plus importante maxime du Goúvernement légitime, eſt de ſuivre
en tout la volonté générale ; que la Loi doit
être l'expreſſion de la volonté générale, &
que la raiſon primitive & antérieure de la Loi
doit être la volonté générale.

L'Hiſtoire des Céſars, l'hiſtoire & la chûte de l'Empire
Romain, ont décidé entre Céſar & Caton.

Rome, dans ſon plus bel âge, ſe vit prête à périr pour
avoir réuni ſur les mêmes têtes l'autorité légiſlative & le
pouvoir ſouverain. Cependant les Décemvirs ne s'arrogèrent
jamais le droit de faire paſſer aucune Loi de leur ſeule autorité. *Rien de ce que nous vous propoſons*, diſoient-ils au
Peuple, *ne peut paſſer en loi, ſans votre conſentement. Romains, ſoyez vous-mêmes les auteurs des Loix qui doivent
faire votre bonheur.*

Or, dites-moi, fi la volonté générale demandoit *la Cour Plénière?* & fi vous croyez avoir fuivi la volonté générale, en formant cet établiffement?

LE MINISTRE.

SIRE, la Nation ne fongeoit guères à une Cour Plénière, & nous lui avons caufé une grande furprife.

LE ROI.

CELA feul décide que vous n'aviez pas le droit de créer une Cour Plénière.

LE MINISTRE.

SIRE, la volonté générale doit être la raifon immédiate de la promulgation d'une Loi ; je le penfe avec Votre Majefté. Cependant il eft poffible que la volonté générale acquiefce à une Loi donnée fans qu'elle ait été confultée, & alors je crois que la Loi eft bonne.

LE ROI.

JE ne crois pas, moi, que l'on doive hafarder une Loi fans l'aveu & le confentement de la volonté générale. Premièrement, c'eft une entreprife condamnable contre la volonté générale. Secondement, c'eft expofer une Loi à la dérifion comme à la réprobation publique ; ce qui eft porter atteinte à la dignité des Loix en général. Troifiémement, une Loi promulguée, fans avoir confulté la volonté générale, peut caufer de grands troubles.

Mais fi la volonté du Prince peut acquérir le caractère facré de la Loi par l'acquiefcement de la volonté générale, du moins il faut donc foumettre cette volonté ou ce vœu du Prince aux fuffrages libres de la Nation. Or eft-ce là ce que vous avez fait ? Eft-ce là ce que vous faites ?

LE MINISTRE.

J'AVOUE que nous avons eu l'intention d'ufer de la force, & que nous avons, en effet, déployé la force.

LE ROI.

C'EST-à-dire, que vous avez penfé que, pour donner la Loi, vous n'aviez pas befoin de confulter la volonté générale ; que fon ac- quiefcement,

quiefcement, après la promulgation, n'étoit pas néceffaire, & que la force & la violence devoient tout faire. M. de la Moignon, je n'ai pas d'inclination à vous dire des chofes défagréables & dures ; mais je ne puis vous diffimuler que cette conduite eft affreufe.

Malgré le frein terrible de la force dont vous étiez armé, vous avez vu la Nation réfifter ouvertement à votre projet. De-là, vous avez dû conclure que votre Loi choquoit ouvertement la volonté générale ; par conféquent, vous auriez dû la retirer.

Le Ministre.

Sire, nous avons penfé, malgré la réfiftance, que la Loi étoit falutaire.

Le Roi.

Mais fi vous donnez une Loi, fans confulter la Nation, & fi vous interdifez à la Nation toute réfumation contre la Loi, vous empêchez la Nation de faire ufage de fa raifon ; vous la rendez imbécille, autant que vous le pouvez ; vous lui montrez du mépris ; vous lui faites le plus grand outrage.

Et quelle entreprife de vouloir pétrifier la penfée de tout un Peuple, & d'un Peuple le premier ou le fecond de l'univers! C'eft fe déclarer l'ennemi du bonheur & de la dignité de l'homme, du bonheur & de la dignité de fa Nation.

Ecoutez la Déclaration du 13 Février 1780, fur les Tailles & la Capitation : « loin » de nous cette crainte de la lumière & » de la vérité, & fur-tout la moindre dé-» fiance d'adreffer nos Loix à l'enregiftre-» ment de nos Cours; comme fi·les fe-» cours de leurs obfervations, les éveils de » leur zèle pouvoient jamais nous être inu-» tiles & indifférens ».

Vous, Monfieur, vous n'avez de confiance qu'en votre fageffe, vous ne voulez point entendre les Cours. Vous faites rédiger la Loi, & l'imprimer en fecret, comme un pro-jet de confpiration ; le Parlement, la Cham-bre des Comptes, la Cour des Aides vien-nent à Verfailles ; vous avez la bonté qu'on leur en faffe lecture, vous les mettez en vacances. Les Cours retournent à Paris, les exemplaires imprimés y arrivent avec elles, & la Loi eft faite. Des foldats défen-dent aux Magiftrats, l'entrée de leur Tribunal ; des ordres févères interdifent à la preffe , de rien produire contre le Lit de Juſtice, & tous les réclamans font menacés de la prifon ou de l'exil. C'eſt ainſi, Monſieur, que vous devenez legiſlateur. De quel droit exigerez-vous après cela, que l'on ait pour vous, & refpeĉt & amour, que vous devez chercher à vous concilier? Etes vous un homme inſtruit, un favant, un fage ? Jouiffez-vous de la réputation d'un grand Miniſtre ? Avez-vous la confiance de la Nation ?

Faire aimer la Loi & le Gouvernement, c'eſt en cela que conſiſte le talent de gouverner. L'autorité la plus abfolue, eſt celle qui peut être jufqu'à l'intérieur de l'homme, & ne l'exerce pas moins fur la volonté, que les aĉtions. Quand on a la force en main, il n'y a pas d'art à faire trembler tout le monde.

Depuis que vous êtes dans le Miniſtère, vous avez propofé l'Impôt Territorial, le Timbre, le monſtrueux emprunt de quatre cents cinquante millions; nous avons vu un Lit de Juſtice, l'exil de Troyes, l'exil du premier Prince du fang, la détention de deux Confeillers, le fyſtême de la feule volonté, des manifestes de despotisme, là Cour des Pairs investie, comme une troupe de brigands, d'Eprémesnil enlevé du sein même de la Justice (1); une autre Loi de

---

(1) L'engagement du Corps de la Nation, est de pourvoir à la conservation du dernier de ses membres, avec autant de soin qu'à celle de tous les autres. Le salut d'un Citoyen n'est pas moins la cause commune que celui de tout l'Etat. Qu'on nous dise qu'il est bon qu'un seul périsse pour tous, j'admirerai cette sentence dans la bouche d'un digne & vertueux Patriote, qui se consacre volontairement, & par devoir, à la mort pour le salut de son pays. Mais si l'on entend qu'il soit permis au Gouvernement de sacrifier un innocent au salut de la multitude, je tiens cette maxime pour une des plus exécrables que jamais la tyrannie ait inventées, la plus fausse qu'on puisse avancer, la plus dangereuse qu'on puisse admettre, & la plus directement opposée aux Loix de la société. Loin qu'un seul doive périr pour tous, tous ont engagé leurs biens & leurs vies pour la défense de chacun d'eux, afin que la foiblesse particulière fût toujours protégée par la force publique, & chaque membre par tout l'Etat.

Je desire vivre & mourir libre, c'est-à-dire, tellement soumis aux Loix, que ni moi ni personne n'en puisse secouer l'honorable joug, ce joug salutaire & doux que les têtes les plus fières portent d'autant plus docilement, qu'elles sont faites pour n'en porter aucune autre.

C'est par les Loix seules que les Chefs doivent parler,

Justice, l'exil des Parlemens, la fermentation des Provinces, la détention de leurs Députés, & heureusement, peu de sang répandu. Toute la Nation est aigrie, une partie s'indigne, & le Peuple murmure. Il s'écrie en gémissant : *tous mes maux me viennent de ceux que je paie pour m'en garantir !*

Voilà, Monsieur, où nous en sommes, & ce sont les Ministres qui, effrontément, ont tout fait sans consulter, ni les Parlemens, ni la Nation.

LE MINISTRE.

SIRE, les Parlemens étoient trop intéressés dans les changemens du 8 Mai, pour que l'on dût prendre leurs suffrages ; les intérêts de l'Etat étoient incompatibles avec leurs intérêts particuliers.

---

quand ils commandent. Si-tôt qu'indépendamment des Loix, un homme en prétend soumettre un autre à sa volonté privée, il sort à l'instant de l'état civil, & se met, vis-à-vis de lui, dans le pur état de nature, où l'obéissance n'est jamais prescrite que par la nécessité. *J. J. Rousseau.*

Propriété & liberté, voilà les deux points fondamentaux de l'ordre essentiel des sociétés.

LE ROI.

SI les Parlemens se fussent fondés dans leurs remontrances, sur des raisons d'intérêts particuliers, le cri de la Nation se seroit élevé contre-eux, & il auroit fallu qu'ils cédassent. Croyez même qu'ils n'auroient pas eu la maladresse de montrer une intention contraire à l'intérêt général, & qu'ils se seroient évités le reproche ou l'accusation d'être guidés par des vues particulières. Mais les Parlemens auroient soutenus les droits de la Nation, contre l'établissement d'une Cour Plénière, & vous vouliez une Cour Plénière.

LE MINISTRE.

SIRE, une Cour Plénière, composée des Ducs & Pairs, de Maréchaux de France, de Gouverneurs des Provinces, de grands Officiers de la Couronne, d'Archevêques, d'Evêques, de Conseillers d'Etat, &c. : une Cour ainsi composée, n'est-elle donc pas digne de la confiance de la Nation, & laissera-t-elle regretter les Parlemens de Province, & les Conseillers des Enquêtes?

L e R o i.

M. de Lamoignon, n'infultons perfonne;
ne difons pas que des Maréchaux de France,
des Gouverneurs de Province, de grands
Officiers de la Couronne, des Evêques, des
Confeillers d'Etat, &c., ne font en général,
que des courtifans animés d'une ambition
fervile, & rendus efclaves, par les places
qu'ils ont obtenus, & qu'ils veulent conferver, ou par les places & les faveurs qu'ils
défirent encore. Mais avouez-le franchement :
« Plus il y a de grands Corps dépofitaires
» des Loix, moins l'Adminiftration eft ar-
» bitraire ; & fi quelquefois le Souverain
» abufe de fon pouvoir contre le petit nom-
» bre d'hommes, qui s'expofent à être con-
» nus de lui, il ne peut en abufer contre
» la multitude qui lui eft inconnue, & qui,
» vit fous la protection des Loix. *Volt.* »
Une longue & malheureufe expérience,
démontre l'infuffifance de la puiffance & de
l'autorité des Parlemens, pour maintenir les
droits & la liberté de la Nation. Mais fans
jetter dans la difcuffion de tous les inconvéniens de la Cour Plénière, on voit tout

de suite, qu'il est encore moins désavanta-
geux pour la Nation, de conserver ses Parlemens avec leur droit de vérification &
d'enregistrement, que de se voir à la merci
d'une Cour Plénière, créée par le Roi, &
que le Ministère dirigeroit à son gré.

Et je reviens à vous dire, que les changemens que vous vouliez introduire, étoient
assez importans pour mériter une délibération Nationale. Si les Parlemens vous étoient
suspects, il falloit donc consulter la Nation
elle-même. Et ne voyez-vous pas la réponse
que vous en auriez reçue ? Déja des Provinces ne vous ont-elles pas notifié, que la
Cour Plénière *ne s'établira päs* ?

Vos projets n'étoient pas moins contraire
aux droits de la Nation, qu'aux intérês des
Parlemens. C'est pour cela que vous n'avez
consulté, ni les Parlemens, ni la Nation.
Mais, parce que vous n'avez demandé le
suffrage de personne, tout le monde est
contre vous. On est révolté de votre despotisme, & vous n'exécuterez rien.

LE MINISTRE.

VOTRE MAJESTÉ le sait, la Cour Plénière n'est pas mon ouvrage.

LE ROI.

Le Roi.

Soit; mais votre Discours à la Séance du 19 Novembre doit être votre ouvrage, du moins vous en êtes responsable. Vous y avez dit, que la Nation assemblée ne pourroit que présenter *des doléances* à son Roi, c'est-à-dire, à celui qui n'est que son représentant, qui n'a de pouvoirs, que ceux qu'elle lui confie, & dont elle lui laisse l'exercice. Par-là, vous avez montré que vous n'étiez pas Citoyen, patriote, & que l'amour de la Patrie est un sentiment qui vous est étranger. Vous avez fait voir que vous rapportiez tout à vous, & à l'autorité Royale. Or, le but unique & essentiel de ceux qui gouvernent, doit être de ne vouloir jamais l'autorité & la grandeur pour soi; car cette recherche ambitieuse, ne va qu'à satisfaire un orgueil tyrannique.

Le Ministre.

Je croyois que la Nation seroit conséquente à ses anciens principes.

Le Roi.

Ses anciens principes n'étoient pas d'être

aſſujettis à une *ſeule volonté*. La première &
la ſeconde races, le règne de Charlemagne,
& toute l'hiſtoire en eſt la preuve. La doctrine de la ſeule volonté eſt moderne, elle
ne pouvoit pas durer, & perſonne n'y croyoit
deja plus, depuis les remontrances des Parlemens contre les ordres arbitraires.

LE MINISTRE.

SIRE, les idées ont éprouvé une grande
révolution, depuis peu de tems, ſur l'autorité Royale.

LE ROI.

CELA eſt vrai. On croit actuellement,
« qu'une Monarchie eſt fondée ſur le pouvoir
» que pluſieurs ont, d'empêcher le pouvoir
» d'un ſeul. *Voltaire* ». On convient que mille
avis doivent l'emporter ſur un ſeul, &
on penſe que les Etats-Généraux ſont pour
le Roi, ce que les Conciles ſont pour les
Papes.

LE MINISTRE.

SIRE, depuis long-tems les Parlemens
étoient en querelle avec l'autorité Royale,
& il falloit que cela finit.

Le Roi.

Les Parlemens se sont déclarés contre les Impôts, les Emprunts & les ordres arbitraires, & ils ne méritent de la Nation, que le reproche d'avoir trop attendu. S'ils eussent continué de consentir, Emprunts, Impôts, & l'usage des Lettres de cachet, auriez-vous songé à créer mystérieusement une Cour Plénière, pour ensuite l'installer avec la force militaire ?

Le Ministre.

Sire, ce sont les Parlemens qui forment tous les orages qui nous agitent, nous tourmentent, & qui affligent la Nation.

Le Roi.

Le mal du soulèvement est dans la cause qui le produit. Un Gouvernement devient-il injuste ? Les troubles sont alors salutaires. Ce sont les tranchées qu'occasionne au malade la médecine qui le guérit. Tombe-t-on dans le despotisme ? Il faut des efforts pour s'y fouftraire. Le dernier degré du malheur eft de ne pouvoir s'en arracher, & de fouffrir, fans ofer fe plaindre. Car fe dévouer à l'efclavage, c'eft fe couvrir de l'infamie de toutes les penfées, de toutes les actions baffes & honteufes des efclaves, & fe plonger dans l'ignorance & la ftupidité qui rendent l'homme lâche & vil.

LE MINISTRE.

QUE l'on foit mécontent de la Cour Plénière, & qu'elle ne puiffe pas s'établir, je le conçois. Mais je m'étois flaté que mes grands Bailliages feroient reçus avec reconnoiffance.

LE ROI.

ECOUTEZ, je crois le reffort du Parlement de Paris trop étendu; mais les grands Bailliages n'étoient pas néceffaires dans le reffort des Parlemens de Province; vous les avez trop multipliés dans le reffort de Paris, & vous les avez mal combinés par-tout. L'appel d'une Chambre à la Chambre voifine, préfente une bizarrerie & un ridicule dont tout le monde eft frappé. On voit que votre objet étoit moins de créer des grands Bailliages, que d'anéantir les Parlemens, & on ne confidère vos grands Bailliages, que comme des inftrumens de defpotifme.

Faites auffi cette réflexion. Le plaideur veut être bien défendu & bien jugé, c'eft-à-dire, qu'il défire des défenfeurs inftruits, & des Juges éclairés. Faut-il pour cela venir à Paris? Il voudra venir à Paris, & il doit le vouloir. Vous prétendez, au contraire, le retenir dans fa Province. Mais commencez donc par le convaincre, qu'il trouvera dans fa Province, & dans un *grand Bailliage*, autant de lumières qu'à Paris. Or, je vous défie de produire en lui cette conviction. L'homme qui voit, qui réfléchit, & qui penfe, fait très-bien que les lumières ne peuvent jamais fe trouver dans une Ville de Province, au même degré que dans la Capitale. Songez à tous les moyens d'inftruction que la Capitale préfente utilement à tous les fujets diftingués qu'elle attire des Provinces; que votre imagination vous repréfente tout ce que fournit la Capitale, tout ce que n'adminiftre pas la Province; & dites-moi, s'il n'eft pas inévitable qu'il y ait une latitude confidérable entre le célèbre d'une petite Ville, & l'homme qui fe diftingue à Paris?

De plus, dans combien de circonstances le plaideur provincial n'aura-t-il pas à redouter l'influence de la parenté, de l'amitié, des liaisons & du crédit ? Il y a de telles affaires qui, jugées définitivement en *Grands-Bailliages*, causeroient, en quelque forte, des guerres civiles dans le canton qui en auroient été le théâtre ; &, à coup sûr, elles feroient une nouvelle cause de haine, de troubles & de divisions dans les petites villes.

Vous me dites qu'à Paris il y a aussi des abus. Cela est vrai. Mais ils font d'un autre genre moins dangereux ; & je prétends qu'il est possible de les réduire, de les supprimer. Livrez-leur donc la guerre ; réprimez ces vexations justement odieuses aux Citoyens, & injurieuses à la dignité des Tribunaux ; faites que la Justice écrase enfin la chicane. Voilà ce que je vous demande ; voilà même ce que l'on attendoit de votre ministère ; & c'est par-là que vous pouviez le rendre utile, sans produire cette horrible convulsion qui jette l'alarme dans toutes les classes des Citoyens.

Charles V vouloit-il statuer quelque chose fur la Jurisprudence ? Il assembloit les Magistrats. S'agissoit-il du Commerce ? Il appelloit les Négocians. Etoit-il question d'Ordonnances militaires ? Il confultoit les Guerriers. Il s'éclairoit toujours des lumières des autres, & les penfées d'autrui n'étoient pas ftériles.

Vous vouliez rendre une Ordonnance importante fur l'adminiftration de la Juftice ? Eh bien ! il falloit ouvrir une conférence, entendre les Magiftrats des Cours fouveraines, y admettre les Officiers des grands Sièges des Provinces, voir, examiner, difcuter avec eux ; & il en feroit réfulté une bonne Loi. Les préliminaires en auroient garanti la fageffe, & lui auroient affuré la foumiffion générale.

LE MINISTRE.

CÉPENDANT beaucoup de grands Bailliages ont accepté.

LE ROI.

VOUS connoiffez les motifs qui les ont déterminé ; & moi, je vous dis qu'ils ont eu tort. Quand la Loi feroit bonne, il fuffifoit qu'elle eût été faite dans le myftère, & que des Régimens la proclamaffent, pour que des Magiftrats ne duffent pas la reconnoître. Ce n'eft pas ainfi que doivent fe faire les Loix, & on ne doit pas les promulguer ainfi. Tous

Les Citoyens sont obligés, en conscience, de s'opposer à ce qu'un pareil usage s'introduise. Il est révoltant; il auroit les suites les plus funestes.

Les titres de dépositaires, de gardiens & organes des Loix, ne sont point des qualifications purement honorifiques, de vains titres sans fonctions; ce sont, au contraire, des titres indicatifs de fonctions réelles, de devoirs indispensables dans le Magistrat.

Les Loix sont muettes, en prenant cette expression dans le sens physique. Or elles peuvent se trouver dans le cas d'avoir à se défendre contre des surprises faites à la puissance législative. Les Loix ont donc alors à opposer à la volonté de cette puissance leur justice & leur nécessité. Mais puisqu'elles sont muettes physiquement, dans ce cas comme dans tous les autres, elles ne peuvent s'exprimer que par la voix de ceux qui sont chargés de parler pour elles. Ainsi le Magistrat, comme organe physique des Loix, est particulièrement chargé de la défense des Loix (1).

____

(1) Et la sûreté nécessaire aux Loix, doit être commune à la personne du Magistrat, comme organe des Loix.

Par

Par rapport aux Loix à faire, elles doivent être toutes puifées dans les Loix naturelles, & dans les Loix pofitives, fondamentales de l'Etat (1), qui font la raifon primitive de toutes les autres Loix; & comme les Magiftrats font gardiens, dépofitaires, & défenfeurs des Loix anciennes, ils font auffi dépofitaires de la raifon primitive des Loix nouvelles, & ils en doivent compte à la puiffance légiflative, à la Nation.

Donner comme Loix ce qui s'eft fait dans un Lit de Juftice, fans le concours de la Nation, fans le concours de fes Magiftrats, ç'eft précifément un acte de folie. Vouloir étouffer, par la force militaire, le fentiment de la Nation, & de fes Magiftrats, fur des Loix nouvelles qui intéreffent la Nation effentiellement, rien de plus tyrannique, rien de plus odieux. Il n'y a que des ignorans, des imbécilles & des lâches, qui puiffent n'en être pas révoltés.

---

(1) J'efpère que l'Affemblée Nationale commencera par nous donner les TABLES de nos Loix fondamentales, & que nous aurons auffi une *Charte*, qui fixera notre Conftitution.

F

LE MINISTRE.

VOTRE MAJESTÉ croit donc qu'il faut aban-
donner l'ouvrage du 8 Mai?

LE ROI.

DITES-MOI, je vous prie, comment vous
parviendriez à l'exécuter?

LE MINISTRE.

Le Militaire........

LE ROI.

L'EMPIRE de la force ne peut pas être durable.

LE MINISTRE.

SIRE, le Militaire ne connoît que les ordres
du Roi.

LE ROI.

NE connoît-il pas, du moins, cette pitié
stérile & barbare, qui plaint les malheureux qu'elle immole?

Le Ministre.

S i r e, » les gens de guerre font leur mé-
» tier, fans y penfer. Leurs bras agiffent auffi
» rigoureufement que l'on veut ; leur tête fe
» repofe, & ne prend prefque part à rien » (1).

Le Roi.

Il eft vrai que l'obéiffance aveugle à laquelle on les accoutume contre les ennemis
de l'Etat, les prépare à exécuter, pendant la
paix, tout ce qu'on leur ordonne contre les
Citoyens. Ils fe glorifient des commiffions
extraordinaires dont on les charge. Ils croient
participer à l'autorité dont ils ne font que
l'inftrument, & s'élever au - deffus de ceux
qu'ils ont confternés.

Mais je vous le prédis : le tems n'eft pas
loin où nous verrons le Militaire attaché
plutôt à fa Patrie qu'au Prince. Les principes
de la liberté publique pénétreront enfin jufques dans les caZernes, & ils défarmeront le

____

(1) Fontenelle.

foldat, comme un jour ils feront écrouler la Baftille.

Je fuppofe, cependant, que le foldat, ne penfant point en Citoyen, obéiffe à toutes vos impulfions : pour exécuter vos projets, vous auriez befoin de beaucoup d'argent, & vous n'en avez gueres. Il vous faudroit du crédit, & le Principal n'en a pas du tout. Sans argent, fans crédit, que ferez-vous ?

LE MINISTRE.

SIRE, avec des foldats........

LE ROI.

RENDREZ-vous les régimens Collecteurs des Tailles, Vingtièmes, Capitations, de toutes les impofitions ? Cela eft impoffible. Vous n'aurez jamais que l'argent qu'on voudra vous donner. Si demain la Nation prenoit la réfolution de ne plus payer, il n'y a pas de force qui pût la contraindre. Et où en ferions-nous avec nos foldats, nos chaînes & nos prifons ? Tout ce vain appareil de forces fe diffiperoit à l'inftant. Songez qu'il eft dans la nature des chofes , que celui qui a des besoins pécuniaires , soit dans la dépendance de celui qui donne son argent volontairement.

En faisant des heureux, un Roi l'est à son tour.

Prenez aussi le sens inverse de cette pensée, & de grace, ne me parlez plus de vos soldats ; éloignez de moi l'idée de tous les malheurs dont ils seroient les féroces ou les aveugles instrumens, & assortissez les conseils que vous me donnez avec le caractère d'un bon Roi. Abjurez le systême de votre conduite, & substituez-y ce principe fondamental : que pour être un bon Ministre, il faut avoir pour passion dominante, l'amour du bien Public.

Votre ouvrage du 8 Mai est mauvais en soi; il est odieux par ses motifs. Sa promulgation est un événement sinistre. Il est impossible d'accomplir vos projets.

LE MINISTRE.

SIRE, quel parti faut-il donc prendre ?

LE ROI.

Retirer les Edits, convoquer les Etats-

Généraux, voilà celui que je vous indique ;
je n'en connois pas d'autre.

LE MINISTRE.

Quelle sera donc l'autorité des Etats-Généraux ?

LE ROI.

LES représentans de la Nation, pourront
user dans toute sa plénitude du droit qui
appartient à la Nation.

LE MINISTRE.

Et quel est ce droit, qui appartient à la
Nation ?

LE ROI.

CELUI de faire tout ce qu'elle trouve
juste, nécessaire, utile, convenable.

LE MINISTRE.

N'EST-il pas des droits inaltérables.....

L E R O I.

TOUT est soumis à la volonté de la Nation.

L E M I N I S T R E.

MAIS les droits de la Couronne......

L E R O I.

JE ne les excepte pas. La Nation a le droit de délibérer, s'il lui plaît de conserver la forme actuelle du Gouvernement, & s'il lui plaît d'en laisser l'Administration à ceux qui en sont actuellement chargés. C'est même par ces deux propositions que doit se faire l'ouverture de toutes les Assemblée Nationales. *Cont. social, liv.* 3, *chap.* 18.

L E M I N I S T R E.

VOILA des idées nouvelles, qui conduiroient à la plus affreuse anarchie.

L e R o i.

Vous les croyez nouvelles, écoutez moi.
Tous les Rois de la première & de la
seconde races, la Nation les a élus (1); les

---

(1) Il faut noter que, jusques à Hugues Capet, tous les
les Rois de France ont été élus par les Français, qui se ré-
servèrent cette puissance d'élire, bannir & chasser leurs
Rois. Et bien que les enfans aient succédé quelquefois à
leurs pères, & les frères à leurs frères, ce n'a pas été par
droit héréditaire, mais par élection & consentement des
Français, qui, se trouvant bien d'un Roi, voulurent, en
récompense des biens reçus, élire & recevoir pour Roi,
son fils ou son frère; ce qui sera vu amplement au fil de
cette histoire, encore que quelques-uns se scandalisent de
ce que nos premiers Rois ont été élus & électifs, comme
s'ils fussent nés d'eux-mêmes de la terre, sans aucune
cause première & mouvante, qui est l'élection que les peuples ont fait d'eux. Il n'y a au monde aucune Monarchie ou
Principauté héréditaire, qui, premièrement, n'ait été ché-
tive, *parce que les Peuples sont avant les Monarques.*
Bernard de Girard, Seigneur du Haillan. Vie de Mérouée.

Rois, soyez détrompés ; le Peuple est avant vous;
Si, par nous, vous régnez, régnez aussi pour nous.

Les Mois, Poëme. Chant.

L'admirateur & l'ami de Turgot & de Dupaty, ne de-
Français

Français ont déposé Chilperic I, & ont mis en sa place Gilles Romain ; ensuite ils ont déposé ce Gilles, & rétabli Chilperic. Ils ont rasé & jetté dans un Couvent, le dernier Chilperic, & ont mis Pepin sur le Trône. Ils ont rejetté un autre Chilperic, pour donner la Couronne à Sigebert, son

---

voit point aduler les Rois. Son Poëme donne de lui l'idée d'un homme qui sait se dépouiller des préjugés de son siècle & de son pays ; qui considère le bien & le mal dans leur état, abstrait & invariable ; qui n'a point d'égard aux opinions présentes, mais qui s'élève jusqu'aux vérités générales & transcendantes. On voit, on sent qu'il est pénétré, qu'un Poëte doit écrire comme l'interprète de la Nature, comme Législateur, comme présidant aux pensées & aux mœurs des générations à venir.

Pour qu'on vous obéisse, obéissez aux Loix :
Tremblez, en contemplant tout le devoir des Rois.

Voltaire.

» Ce n'est point le Souverain, ce sont les Loix qui » doivent régner sur les Peuples.

» Ce sont les Peuples qui les ont fait tout ce qu'ils sont » (les Rois) ; c'est à eux à n'être ce qu'ils sont que pour » les Peuples ». *Massillon.*

La pensée de l'Historien, du Philosophe, de l'Orateur & du Poëte, doit être la même sur un tel sujet.

G

frère. Ils ont rejetté Charles-le-Simple, fils de Louis-le-Bègue, pour élire Eudes, fils de Robert, Comte d'Angers. Ils ont refusé la Couronne à Charles de Lorraine, frère de Louis, dernier de la seconde race, pour la donner à Hugues Capet ; ils ont décidé entre Edouard, Roi d'Angleterre, & Philippe de Valois. Jusqu'à Philippe-Auguste, les Rois craignoient toujours que leurs fils ne leur succédassent pas. C'est pour cela que tant de fois ils ont pris la précaution de les faire sacrer de leur vivant.

Et comment voulez-vous que l'on conteste le droit de législation, sans dépendance & sans partage, à une Nation qui élit ses Rois, les juge & les dépose ?

LE MINISTRE.

SIRE, ce droit de la Nation d'élire ses Rois, de les juger, de les déposer, personne n'y songe, & ne le connoit.

LE ROI.

JE vous demande encore six mois, & graces aux excès du despotisme de Louis

XIV, & des Miniſtres de Louis XV ; graces à la révolution de 1771, & à celle que vous venez d'entreprendre, la Nation connoîtra tous ſes droits.

LE MINISTRE.

SI on la laiſſe faire, elle en abuſera.

LE ROI.

SI, dans ſa première Aſſemblée, elle fait des fautes, dans l'Aſſemblée prochaine, elle ſe corrigera.

LE MINISTRE.

VOTRE Majeſté croit donc, que les Etats s'aſſembleront ſouvent ?

LE ROI.

J'IMAGINE que la première choſe dont ils conviendront, & dont ils feront une Loi, ſera de fixer des Aſſemblées périodiques, ſans qu'il ſoit beſoin de convocation for-melle : afin que le Prince ne puiſſe les em-

pêcher, fans le déclarer ouvertement in-
fracteur des Loix, & ennemi de l'Etat.

LE MINISTRE.

QUEL bien peut-on attendre des Etats-
Généraux? Ils n'en ont jamais produit en
France (1); au contraire, il en est résulté
des inconvéniens, des troubles & des malheurs.

----

(1) C'est là une idée de M. G**, Confeiller au Grand-
Confeil. Il dit des Etats-Généraux, dans fon Livre : « Les
» vrais principes du Gouvernement Français », (feconde
» Partie, § 9); admirable invention, fi toute affemblée
» nombreufe n'étoit effentiellement peuple, fi le peuple
» étoit capable de traiter des affaires importantes, s'il n'é-
» toit plus fufceptible d'impulfion que de réflexion ».
L'Auteur continue : » Je ne préfenterai pas à la Nation
» le tableau affligeant des défordres que la tenue des Etats-
» Généraux a occafionnés, les factions de Marcel, en 1355,
» les demandes *infolentes* des Députés des Etats de Blois ;
» (c'est-à-dire, la Déclaration du Tiers-Etat, que les Par-
» lemens ont le pouvoir de fufpendre, refufer & modifier
» les Edits). L'activité que ces Etats donnèrent à cette
» ligue fi funeste à la France; excès qui forcèrent Henri
» III à l'acte du defpotifme le plus extrême, dans l'affaf-
» finat du Duc de Guife; enfin, les factions des derniers
» Etats de 1614 ».

L e R o i.

Je vous l'ai déja dit : l'abus de la liberté
tourne au préjudice du Peuple, qui en
abuse; elle se punit de son propre tort, &
le force d'en chercher le remède. De ce
côté, par conséquent, le mal n'est jamais qu'une
crise, il ne peut faire un état permanent;
au lieu que l'abus de la puissance, ne tournant point au préjudice du puissant, mais
du foible, il est par sa nature sans mesures,
sans frein, sans limites.

On voit dès 1355, qu'il n'a manqué aux
Etats, qu'un peu plus de hardiesse, d'instruction ou d'expérience, pour prévenir tous
les maux, qui depuis, ont inondé la France.

M. G** emprunte ensuite les expressions de Pasquier :
» En ce lieu, quelques belles Ordonnances que l'on fasse,
» ce sont belles tapisseries, qui servent seulement de parade.
» Cependant l'impôt que l'on accorde au Roi est fort bien
» mis à effet...... on ne fit jamais Assemblée Générale des
» trois Etats, sans accroître les finances de nos Rois, à la
» diminution de celles du peuple ».

Il y a, je crois, beaucoup de choses à dire sur le livre
de M. G**. Et, pour m'en expliquer à mon aise, je renvoie
à la fin de ce petit ouvrage.

Avec des Etats - Généraux affemblés périodiquement, le Français fera libre; il aura une Patrie, il fera Citoyen. Il faura étendre l'empire des Loix, & reftreindre le pouvoir des hommes : il fe fera une bonne conftitution. Faifant lui-même fes propres loix, il s'attachera à ces loix, & parce qu'elles feront fon ouvrage, & parce qu'il y trouvera fon bonheur. Il s'identifiera avec elles; fes inclinations, fes habitudes fe plieront fous ce joug falutaire; rien ne lui fera plus cher que fon pays; il aura véritablement une Patrie, & des mœurs. Voilà ce que j'en efpère, & je veux des Etats-Généraux.

LE MINISTRE.

VOTRE MAJESTÉ veut auffi commencer par retirer les Edits du 8 Mai. Elle n'eft pas retenue par la confidération que ce fera compromettre fon autorité.

LE ROI.

C'eft un mauvais orgueil de croire qu'on ne peut avoir tort : c'eft une foibleffe de n'ofer reculer, quand on fent qu'on a fait une fauffe démarche. Les variations qui ramènent au vrai, affermissent l'autorité, loin de l'affoiblir. Ce n'est pas se démentir, que de revenir de sa méprise ; ce n'est pas montrer aux Peuples l'inconstance du Gouvernement, c'est leur en éluder l'équité & la droiture. Il ne faut pas craindre qu'ils respectent moins la puissance qui avoue son tort, & qui se condamne elle-même ; leur respect ne s'affoiblit qu'envers celle qui ne se connoît pas. Il est encore plus glorieux, d'avouer sa surprise, que de n'avoir pas été surpris. Rien n'est plus beau dans le Souverain, que de vouloir toujours dépendre de la vérité.

LE MINISTRE.

SIRE, le sort de M. de Brienne & le mien.....

LE ROI.

JE vous entends, & veux vous tranquilliser. Votre conduite & vos entreprises, font porter, de la trempe de votre ame, un jugement défavorable. Mais s'il est vrai que le caractère de ceux qui gouvernent, fait en tout lieu ces temps de douceur & de cruauté, je crois aussi que la nature du gouvernement doit influer sur le caractère des Ministres, & qu'ils sont en quelque sorte excusables du mal qu'ils ont fait, lorsque peut-être le gouvernail de l'Etat étoit forcé, dans leurs mains, par les tempêtes. Ah! je ne veux pas songer à punir.

Je voudrois au contraire atténuer ma douleur. Je cherche des pensées consolantes, & je dis aux Citoyens:

N'imaginez point des maux que vous ne sentez pas. Les explosions de désastres universels, sont plus redoutées que senties. Des millions fleurissent dans la jeunesse, & se fanent dans la vieillesse, sans connoître d'autres maux que les maux domestiques. Ils partagent les mêmes plaisirs, & les mêmes peines, que les Rois soient doux ou cruels, que les armées de leur pays poursuivent leurs ennemis, ou qu'elles se retirent devant eux. Tandis que les Cours sont inquiétées par des rivalités intestines, & que des Ambassadeurs négocient dans les pays étrangers, le Forgeron travaille toujours à son enclume, & le Laboureur pousse en avant sa charrue. On cherche & l'on obtient les

nécessités

nécessités de la vie, & l'occupation succes-
sive des saisons continue de faire ses révolutions accoutumées. Ne tâchez pas de
modifier les clameurs; n'oubliez jamais que
votre affaire est de considérer ce que des
êtres comme vous peuvent effectuer en tra-
vaillant, chacun à son propre bonheur; &
en contribuant à la félicité des autres, chacun dans le cercle de son influence.

Cependant, loin de moi le dessein de
faire entendre, que l'intérêt public n'est
celui de personne; qu'il ne faut vous en
occuper qu'autant que votre intérêt particulier est attaqué, & que vous ne devez
vous plaindre des fers qu'on vous prépare,
que quand vous en sentez le poids. Ré-
sistez à tout autre joug; qu'à celui des Loix,
je le veux, j'y consens, j'abjure le pouvoir
arbitraire : sans doute les simples se sont
choisis des chefs, pour défendre leur liberté, & non pour les asservir.

Ce n'est point le Monarque, ce sont les
Loïx qui doivent régner sur les Peuples. Le
Prince qui en est le Ministre, le premier
dépositaire, en doit être aussi le premier esclave. Ce sont elles qui doivent régler l'u-
sage de l'autorité, & c'est par elles que l'au-

H

torité n'eft pas un joug pour les Peuples, mais une règle qui les conduit, un fecours qui les protége, une vigilance paternelle qui s'affure leur foumiffion & leur tendreffe. Ces grandes vérités, je me plais à les pro-feffer, à l'exemple des bons Rois (1). Je ne le diffimule pas davantage : les Miniftres qui ont outré la puiffance des Rois, l'ont tou-

(1) Des flateurs, exhortant Henri IV à faire un coup d'autorité, il leur fit cette réponfe : « La première Loi du » Souverain eft de les obferver toutes, & il a lui-même » deux Souverains, Dieu & la Loi ». Dans l'écrit célèbre, publié en 1667, au nom & par les ordres de LOUIS XIV, (oui, de Louis XIV, ce Roi le plus defpote, & fous ce rapport, le plus terrible des Rois, dans fa grandeur même), relativement aux droits acquis fur une partie des Pays-Bas, à la Reine Marie-Théréfe d'Autriche, par la mort de Phi-lippe IV, on trouve ce beau paffage : « Qu'on ne dife donc » point que le Souverain ne foit pas fujet aux Loix de fon » Etat, puifque la propofition contraire eft une vérité du » droit des gens, que la flaterie a quelquefois attaquée, » mais que les bons Princes ont toujours défendue comme » une Divinité tutélaire de leurs Etats. Combien eft-il plus » légitime de dire, avec le fage Platon, que la parfaite féli-» cité d'un Royaume eft qu'un Prince foit obéi de fes fujets, » que le Prince obéiffe à la Loi, & que la Loi foit droite, » & toujours dirigée au bien public » !

jours affoiblie. Leur zèle n'a été utile aux Céfars, qu'autant qu'il a refpecté les Loix de l'Empire. Et pourquoi ne m'expliquerois-je pas avec cette franchife ? Je n'ai rien à redouter de mon Peuple, que l'excès de fon amour. Il ratifie chaque jour le premier choix de la Nation, qui éleva mes ancêtres fur le trône ; & s'il afpire à la dignité d'un PEUPLE LIBRE, pour moi quel plus beau titre de gloire que celui de fe préfenter à l'Europe, à l'univers, avec ce noble caractère ! Je veux me planter ce laurier ; & fi c'eft mon deftin de ne pouvoir me repofer fous fon ombrage, la poftérité, du moins, décernera des Couronnes au Reftaurateur de la liberté Françaife. Ma confcience m'impofe de le dire : ce n'eft qu'à la liberté qu'il appartient d'allumer chez un Peuple le feu facré de la gloire & de l'émulation.

Fin du fecond Dialogue.

LE ROI

ET

SES MINISTRES.

DIALOGUE.

Il hait la tyrannie & la rébellion:
Toujours plein de respect, toujours plein de courage,
De la soumission distingue l'esclavage.

Henriade, ch. 4.

LE ROI

ET

SES MINISTRES.

DIALOGUE.

LE ROI et M. LE BARON DE BRETEUIL.

LE ROI.

BARON, j'ai eu avec le Principal un entretien que j'ai continué avec le Garde des Sceaux. J'ai démontré à tous deux qu'ils n'avaient pas eu le droit de faire ce qu'ils ont fait. Ils ont vu aussi qu'il n'était pas dans mon cœur d'autoriser davantage leurs excès, & je les crois inquiets l'un & l'autre.

LE BARON.

SIRE, ils manifestent toujours une confiance superbe, & ils continuent de me braver.

A

LE ROI.

Je les ai argumentés avec Mably, avec Roufseau, & quelques autres que je n'ai pas nommés. Ils favent que l'Hiftoire, les Publiciftes & les Philofophes font pour eux de terribles, d'invincibles adverfaires; & je les crois convaincus qu'il n'y a plus dans leur parti, que les hommes ignorans & pufillanimes, qui ne connaiffent pas les droits de l'homme, ni les droits auguftes des Nations.

Mais avec vous, je vais prendre un autre ton. Il me femble que les Etats-Généraux n'ont jamais eu que le droit *d'avifer & de remontrer*; que, depuis long-tems l'autorité légiflative réfide dans la perfonne du Roi feul. L'Abbé de Mably n'aurait-il pas fait un fyftême ?

LE BARON.

SIRE, je ne connais pas l'Abbé de Mably. Mais, ancien Ambaffadeur à la Cour de Vienne, je connais Robertfon, Auteur Ecoffais, l'Hiftorien de Charles-Quint. J'ai médité la favante Introduction à fon ouvrage ; elle eft une des fources où j'ai puifé mes connaiffances fur les conftitutions des différens Etats de l'Europe, & je ne la crois pas plus favorable que l'Abbé de Mably, à l'étrange manière dont on a ufé pour donner à la France des loix qui ont exilé de tout fon territoire la paix, la tranquillité, la confiance; & dont les premiers fruits font les murmures, la crainte, l'indignation; & le défefpoir de tout un Peuple.

LE ROI.

Dùt-il être un peu long, voyons Robertson. C'est un étranger, il sera impartial, & je me plais à confronter les bons Auteurs.

LE BARON.

Rien n'est plus commun parmi les Savans, & rien n'est en même-tems une source d'erreurs plus féconde, que de juger des institutions & des mœurs des siècles passés, par les usages & les idées qui subsistent dans les tems où l'on vit. Les Jurisconsultes de France, voyant dans le sixième & le septième siècle, que leurs Rois jouissaient d'un pouvoir absolu, crurent qu'il était pour eux d'un devoir essentiel de soutenir que cette autorité sans bornes avait toujours appartenu à la Couronne dans tous les périodes de la Monarchie : le Gouvernement de France, dit fort gravement M. de Réal, est aujourd'hui purement monarchique, comme il l'était dès le commencement. Nos Rois ont été aussi absolus dès l'origine qu'ils le sont aujourd'hui. (*Sc. du Gouv.* tom. 11 ; pag. 31.) Cependant il est impossible de concevoir deux Etats de Société civile, plus différens l'un de l'autre, que celui de la Nation Française sous Clovis, & celui de la même Nation sous Louis XV. Il est évident, d'après les Codes des loix des différentes tribus qui s'établirent dans les Gaules, & dans les contrées voisines, ainsi que d'après l'Histoire de Grégoire de Tours, & des autres anciens Analystes, que la forme du Gouvernement parmi tous ces Peuples, était extrêmement simple & grossière, & qu'ils avaient à peine commencé d'acquérir les premiers élémens de l'ordre & de la police, qui sont nécessaires au maintien des grandes Sociétés.

Le Roi ou le Chef avait l'autorité sur les soldats ou compagnons qui, par choix & non par crainte, avaient suivi ses étendards. Le butin qu'avait fait une armée, appartenait à toute l'armée; & le Roi lui-même n'y avait d'autre part que celle qui lui était échue par le sort. L'Histoire de France nous offre à cet égard un exemple remarquable. L'armée de Clovis, le fondateur de la Mornarchie française, en pillant une Eglise, avait enlevé parmi d'autres effets sacrés, un vase d'une grandeur & d'une beauté extraordinaire. L'Evêque envoya sur le champ des Députés à Clovis, pour le supplier de rendre le vase, afin de l'employer aux usages saints auxquels il avait été destiné. Clovis dit aux Députés de le suivre à Soissons, où devait se faire le partage du butin, & il leur promit, que si ce vase lui tombait en partage, il le rendrait à l'Evêque. Lorsqu'on fut arrivé à Soissons, tout le butin fut réuni en un monceau au centre de l'armée. Alors Clovis demanda, qu'avant de faire aucun partage, on lui accordât ce vase pardessus sa part. Chacun parut disposé à favoriser le Roi, & à acquiescer à sa demande; mais un soldat audacieux & féroce lève sa hâche d'arme, en frappe le vase avec

violence, & dit au Roi d'une voix ferme:
« Vous n'aurez rien ici, que ce que le fort vous
» donnera ». *Greg. Turon. Hist. Franc. L. 11,*
c. 27, p. 70, Penf. 1610.

Le même Auteur (Liv. 4, chap. 14.) rapporte un autre trait qui prouve, de la manière
la plus frappante, combien les premiers Rois
de France dépendaient des fentimens & des volontés de leurs Soldats. Clotaire I, en 553,
marcha contre les Saxons, à la tête de fon armée. A fon approche, ces Peuples intimidés
demandèrent la paix, & offrirent au Monarque irrité une grande fomme d'argent. Clotaire
voulait accepter leur propofition; mais fon armée infifta pour qu'il donnât bataille. Le Roi
employa toute fon éloquence, pour leur per-
fuader de recevoir ce que les Saxons leur
offraient; ceux-ci, pour les adoucir, offrirent
même encore une fomme plus forte. Le Roi
renouvella fes inftances; alors fes foldats fu-
rieux fe jettèrent fur lui, & le traînèrent hors
de fa tente, qu'ils déchirèrent & mirent en
mille pièces; ils auraient maffacré le Prince
lui-même fur la place, s'il n'eut confenti de les
mener à l'inftant même contre l'ennemi.

Si les premiers Rois de France poffédaient
une autorité fi bornée, même à la tête de leur
armée, on conçoit que leur prérogative pendant la paix, était plus limitée. Ils montaient
fur le trône, non par droit de fucceffion, mais
en conféquence d'une élection libre & volontaire faite par leurs Sujets. Afin d'éviter un
trop grand nombre de citations, ce qui ferait

6

superflu , je renvoie mes Lecteurs à la *Gaule Françaife* d'Hottoman , *cap. 6* , *p.* 47 , *edit.* 1573, où l'on trouvera les preuves les plus complettes de ce que j'avance , tirées de Grégoire de Tours, d'Aimoin , & des Hiftoriens les plus graves de la première race. Le but de l'élection des Rois n'était pas , fans doute , de leur conférer un pouvoir abfolu. Tout ce qui avait rapport au bien général de la Nation, était mis en délibération publique , & fe concluait par les fuffrages du Peuple dans ies Affemblées annuelles, appellées *Champs de Mars & Champs de Mai.* On donnait le nom de Champs à ces fortes d'Affemblées, parce que , conformément à la coutume de tous les Peuples barbares , elles fe tenaient en plein air dans quelques plaines affez grandes pour contenir la multitude de ceux qui avaient droit d'y affifter. Elles portaient le nom de Champs de Mars & de Champs de Mai , parce qu'on les tenait dans ces deux mois de l'année. Les vieilles Chroniques de France font mention, dans les termes fuivans, des perfonnes qui affiftèrent à l'Affemblée de l'an 788. *In placito Ingelheimenfi , conveniunt Pontifices , Majores , Minores , Sacerdotes , Reguli , Duces, Comites præfecti cives , oppidani.* Sorberus , §. 304. C'était-là , dit un Hiftorien , qu'on difcutait , & qu'on arrètait tout ce qui concernait le bonheur de l'Etat , & tout ce qui pouvait être utile à la Nation. *Fredegaire,* ap. du Cange, Gloff. roc. *Campus Martii.* Le Roi Clotaire II fait lui-même l'énumération des objets dont s'occupaient ces Affemblées,

& il reconnaît leur autorité : « On les convo-
» que, dit il, parce que tout ce qui regarde la
» sûreté commune, doit être examiné & réglé
» par une délibération commune ; & je me con-
» formerai à tout ce qu'elles auront résolu ».
Aimoin, de Gest. Franc. *liv. 4, chap.* 1,
ap. Bouquet, *Recueil 111, 116.* Les clauses
portant injonction, ou les termes qui, dans les
décrets de ces Assemblées, expriment l'autorité
législative, n'étaient pas au nom du Roi seul.
« Nous avons, dit Childebert, dans une Or-
» donnance de l'an 532, traité quelques affai-
» res à l'Assemblée de Mars avec nos Barons,
» & nous en publions aujourd'hui le résultat,
» afin qu'il parvienne à la connaissance de tous ».
Bouquet, ibid. t. 6, pag. 3. Nous sommes con-
venus, avec le consentement de nos Vassaux,
dit le même Prince, dans une autre Ordonnance. *Ibid.* §. 2. Les Loix saliques, monument
le plus auguste de la Jurisprudence Française,
furent formées de la même manière : *Dictaverunt salicam Legem Proceres ipsius gentes,* &c.
(Robertson cite les différens passages rapportés
dans le premier Dialogue, page 21.) Les
Historiens, en parlant des fonctions que le
Roi avait à remplir dans les Assemblées de la
Nation, s'expriment en termes qui supposent
que l'autorité Royale y était très-limitée, &
que chaque objet de délibération était soumis à
l'Assemblée même. *Ipse Rex,* disent les Auteurs des Annales des Francs, en parlant des
Champs de Mars, *sedebat in sella regia, cir-
cumstante exercitu, præcipiebatque is, die illo,*

quicquid à Francis decretum erat. Bouquet, ibid. t. 2, p. 647.

Les Assemblées Générales exerçaient une Jurisdiction suprême sur toutes les personnes, & dans toute espèce de causes ; cela est si évident qu'il serait inutile d'en chercher des preuves. Le procès fait à la Reine Brunehault, en 713, tel qu'il est rapporté par Fredegaire ; quelqu'injuste que soit la sentence portée contre cette Princesse, suffit seul pour établir cette assertion. Bouquet, *ibid.* 430, *Fred. Chron. cap.* 42. La cruauté & l'iniquité frappante de ce jugement servent à faire voir jusqu'où s'étendait la jurisdiction de cette Assemblée ; puisqu'un Prince aussi violent que Clottaire II, crut que la sanction de l'autorité d'une Assemblée nationale suffirait pour justifier la barbarie avec laquelle il traitait la mere & la grand-mère de tant de Rois.

Quant aux dons qu'on faisait aux Princes, il faut observer que chez les Nations dont les mœurs & les institutions politiques sont encore simples, l'Etat, ainsi que les individus, n'a que peu de besoins ; on n'y connaît donc point les taxes ; des tribus libres, & non civilisés, rejettent avec mépris toute espece d'imposition fixe. Telle était la coutume des Germains, & des différens Peuples qui sortirent de la Germanie. Tacite juge que deux Tribus dont il parle, n'étaient pas originaires de Germanie, parce qu'elles se soumettaient à payer des impôts. *De morib. Germ. Chap.* 43.

Lorsqu'il

Lorsqu'il parle ailleurs d'une autre Tribu, en se conformant aux idées reçues parmi les Germains, cet Historien dit qu'elle n'était pas dégradée par le joug des taxes : *nam nec tributis contemnantur, nec publicanus atterit. ibid*, c. 29. On doit croire que lorsque ces Nations s'établirent dans les Gaules , & qu'elles conservèrent le sentiment de la gloire de leurs triomphes, elles ne renoncèrent pas aux idées fières & hautaines de leurs ancêtres, & qu'elles ne consentirent pas à recevoir un joug qu'elles regardaient comme une marque de servitude. Le témoignage des anciens monumens & des Historiens, justifie cette conséquence. M. de Montesquieu , & M. l'Abbé de Mably ont fait à cet égard de profondes recherches , & ont prouvé clairement que la propriété des hommes libres, parmi les Francs , n'était sujete à aucune taxe fixe ; que l'Etat n'exigeait d'eux que le service militaire, à leurs propres dépens ; qu'ils devaient recevoir le Roi dans leurs maisons, lorsqu'il traversait ses domaines , & fournir à ses Officiers, des chevaux & des voitures ; lorsqu'ils étaient envoyés pour quelque commission qui regardait le public. *Esprit des Loix , liv.* 12, 13. *Observations sur l'Histoire de France ; t. I, p.* 147, les Rois ne subsistaient presqu'entièrement que des revenus de leur domaine, des profits provenus de l'administration de la Justice, & de quelques petites amendes qu'on faisait payer à ceux qui étaient coupables de certains délits.

Lorſque les hommes libres accordaient à leurs Souverains quelque ſubſide extraordinaire, c'était un acte purement volontaire. Dans les Aſſemblées de Mars & de Mai, qu'on tenait annuellement, on avait coutume de faire au Roi un préſent d'argent, de chevaux, d'armes, ou quelques autres objets précieux. C'était une coutume ancienne que les Francs tenaient des Germains leurs ancêtres : *Mos eſt civitatibus ultrò ac viritim conferri principibus vel armentorum, vel frugum, quod pro honore acceptum, etiam neceſſitatibus ſubvenit.* Tacite, *ibid.* c. 15. Ces dons étaient conſidérables, ſi nous en pouvons juger par les termes généraux dans leſquels s'expriment les anciens Hiſtoriens; & ce n'était pas la moindre partie des revenus de la Couronne. Ducange rapporte à ce ſujet un grand nombre de paſſages : *Diſſert.* 4, *ſur Joinville, pag.* 153. Quelquefois une nation conquiſe ſpécifiait le don qu'elle s'obligeait de fournir au Roi chaque année, & lorſqu'elle y manquait, on exigeait ce don comme une dette : *Annal. Metenſes, ap. Ducange, ibid. pag.* 155. Il eſt probable que le premier pas qu'on fit vers l'impoſition, fut d'aſſurer la valeur de ces dons, qui, dans leur origine, étaient purement volontaires, & d'obliger le peuple à payer la ſomme à laquelle ils avaient été évalués. Mais on a conſervé juſqu'à ce jour la mémoire de leur origine, & l'on ſait que les ſubſides accordés aux Souverains DANS TOUS LES ROYAUMES DE L'EUROPE, étaient appellés *bienveillances* ou *dons*

Les Rois de France de la seconde Race
étaient élus par le choix libre du Peuple.
« Pepin, Roi pieux, dit un Auteur qui écrivait
» peu d'années après l'évènement qu'il rap-
» porte, fut élevé au trône par l'autorité du
» Pape, l'onction du saint Chrême, & le choix
» de tous les Francs » : *Pepinus, Rex pius,
per autoritatem Papæ, & unctionem sancti
Chrismatis, & electionem omnium Francorum, in
Regni solio sublimatus est.* Clausula de Pepini
confecr. ap. Bouquet, Recueil des Hist. t. 5., p. 9.
Mais comme les Chefs de la Nation avaient
ôté la couronne à une famille pour la faire
passer à une autre, on exigea d'eux un ser-
ment par lequel ils s'obligeaient à maintenir
sur le trône cette famille qu'ils venaient d'y
placer : *ut numquam de ulterius lumbis Regem
in ævo præsumant eligere.* ibid. p. 10. La
Nation fut fidèle à ce Souverain pendant un
long espace de tems. La postérité de Pepin
prit possession du trône ; mais lorsqu'il fallut
partager les domaines entre les enfans de la
famille royale, les Princes furent obligés de
consulter l'Assemblée générale de la Nation.
Ce fut ainsi que Pepin lui-même nomma, en
768, Charles & Carloman ses deux fils, pour
régner conjointement ; mais ce ne fut qu'avec
le consentement de l'Assemblée générale de la
Nation, devant laquelle il mit l'objet en délibération : *Una cum consensu Francorum &
procerum suorum, seu Episcoporum conventu.*
Ap. S. Dionisii capitulas, vol. I, p. 187.
Les Francs confirmèrent cette disposition.

dans une Assemblée suivante, convoquée à la mort de Pepin ; car non seulement ils nommèrent Rois Charles & Carloman, suivant le témoignage d'Eginhart ; mais encore ils réglèrent, de leur propre autorité, les limites des domaines respectifs des deux Princes. *Vita Carol. mag. ap. Bouquet*, t. 5, p. 90. Ce fut également par l'autorité de ces Assemblées suprêmes qu'on décida toutes les disputes qui s'élevèrent entre les descendans de la famille royale. Charlemagne reconnut ce point important de leur jurisdiction, & le confirma dans la Charte qu'il donna pour le partage de ses domaines : « Car, dit-il, dans le cas où il » y aurait incertitude sur le droit des diffé- » rens Compétiteurs, celui d'entre eux que » le Peuple choisira, succédera à la Cou- » ronne ». *Capitul.* vol. I, p. 442.

Sous les Rois de la seconde Race, les Assemblées de la Nation, appellées indifféremment, *Conventus, Malli, Placita*, se tenaient régulièrement une fois pour le moins chaque année, & souvent deux fois par an. Un des plus précieux monumens de l'Histoire de France, est le Traité de Hincmar, Archevêque de Rheims, *de ordine Palatii*. Ce Prélat mourut en 882., seulement soixante-huit ans après Charlemagne ; il rapporte, dans ce court Traité, les faits qu'il avait appris d'Adelhard, Ministre & confident de Charlemagne. Nous apprenons de lui que ce grand Monarque ne manquait jamais de convoquer chaque année l'Assemblée générale de ses sujets : *in quo placito generalitas universorum majorum, tum Clericorum quàm laïcorum, conveniebat.* Hincmar, oper. edit. Sirmondi, *vol. 2, c. 29, p. 211.* Toutes les matières qui concernaient la sûreté générale des Sujets, & le bien du Royaume, se discutaient toujours dans ces Assemblées avant qu'on entammât les affaires particulières, où moins importantes. *Ibid. c. 23, p 213.* Les successeurs immédiats de Charlemagne imitèrent son exemple , & ne traitèrent jamais d'aucune affaire importante, sans l'aveu du Conseil général de la Nation.

Sous cette même Race, le génie du Gouvernement Français continua d'être en grande partie *démocratique.* Les Nobles, les Ecclésiastiques constitués en dignité, & les grands Officiers de la Couronne ne formaient pas les seuls membres de l'Assemblée de la Nation ; le Peuple ou le Corps entier des hommes libres, avait droit d'y assister, soit en personne, soit par des Députés qui les représentaient. Dans la description que donne Hincmar, de la manière dont on tenait ces Assemblés générales, il dit que si le tems était favorable, on s'assemblait en plein air ; mais que s'il était mauvais, il y avait différens appartemens destinés pour chaque Ordre ; ensorte que les Ecclésiastiques se trouvaient séparés des Laïques , & les Grands l'étaient de la multitude. *Comites vel hujusmodi Principes sibimet honorificabiliter à cætera multitudine segregarentur.* Ibid. c. 35, p. 114. Agobard, Archevêque de Lyon , en décrivant l'Assemblée nationale de l'an 833 , à laquelle il était préſent, s'exprime ainſi : *Qui ubique conventus extitit ex reverendiſſimis Epiſcopis , & magnificentiſſimis viris inluſtribus , collegio quoque Abbatum & Comitum promiſcuæque œtatis & dignitatis populo.*

Cette expreſſion d'Hincmar , *cætera multitudine,* eſt la même choſe que celle de *Populus,* dont ſe ſert Agobard ; elles déſignent l'un & l'autre l'ordre inférieur des hommes libres , connu depuis en France ſous le nom de Tiers-Etat , & en Angleterre ſous celui de Communes. Le Peuple , ainſi que les Membres de l'Etat les plus élevés en dignité , avait part à la puiſſance légiſlative. C'eſt pourquoi, par une Loi de l'an 803 , il eſt ordonné : « Que lorſqu'il » s'agira d'établir une nouvelle Loi , la propo- » ſition en ſera ſoumiſe à la délibération du » Peuple ; & que s'il y a donné ſon conſente- » ment , il la ratifiera par la ſignature de ſes » Repréſentans. *Capit. vol. 1 , p. 194 ».* Il y a deux Capitulaires qui nous font parfaitement connaître la part que le Peuple avait dans l'adminiſtration du Gouvernement.

Quand les Sujets avaient à ſe plaindre de quelque oppreſſion, ils avaient droit de s'adreſſer au Souverain , pour lui demander juſtice. On a conſervé une de ces requêtes, par laquelle ils demandent que les Eccléſiaſtiques ſoient diſpenſés de porter les armes , & de ſervir en perſonne , à la guerre. Elle eſt datée de l'an 803, adreſſée à Charlemagne , & exprimée en termes dont il n'appartenait de ſe ſervir qu'à des hommes qui connaiſſaient toute l'étendue de la liberté, & des priviléges dont ils jouissaient. Ils concluent à ce qu'il leur accorde ce qu'ils lui demandent, s'il désire qu'ils continuent d'être pour lui des fideles sujets. Ce grand Monarque, au lieu d'être offensé ou surpris de la hardiesse de leur demande, la reçut de la manière la plus gracieuse, & leur témoigna la disposition où il était de les satisfaire; mais observant qu'il ne possédait pas lui seul l'autorité législative, il leur promit d'exposer cet objet à la prémiere Assembée-Générale, parce que les matières qui concernaient tous les Sujets en commun, devaient être discutées & réglées d'un consentement général. *capit. t. 1. pag.* 405, 409.

Un autre Capitulaire nous appreud de quelle manière les requêres des Sujets étaient approuvées dans l'Assemblée-Générale, lorsqu'on avait obtenu que les objets qui y étaient contenus y fussent portés pour y être mis en délibétation, & comment ces requêtes y passaient en loix. On lisait tour haut les propositions; alors le peuple était prié de déclarer s'il y donnait son consentement, ou non : les membres qui représentaient le Peuple, exprimaient leur consentement, en criant trois fois: *Nous en sommes contens*, & alors le Capitulaire était confirmé par la signature du Roi, du Clergé, & des principaux Laïques, *cap. t. 1. page* 627, *ann. Dom.* 822. Il paraît probable, d'après un Capitulaire de Charles-le-Chauve, de l'an 851, que le Souverain ne pouvait refuser de donner son consentement à ce qui

était propofé & réglé par fes Sujets, dans l'Af-
femblée-Générale , *tit.* 9 , §. 6 , *capit. vol.* 11 ,
pag. 47.

Il eſt inutile de multiplier les citations ,
pour faire voir que la puiſſance légiſlative en
France, réſidait dans l'Aſſemblée de la Nation,
fous les Rois de la feconde race , & qu'elle
avait le droit de décider de tout ce qui regardait la paix & la guerre. Le ſtyle uniforme
des Capitulaires fuffit pour confirmer la première propofition ; & quant à la feconde, ſi le
Lecteur veut avoir de plus grands éclairciſſe-
mens, il peut confulter l'ouvrage intitulé :
Les Origines, ou anciens Gouvernemens de
France, *t.* 3 , *pag.* 87.

LE ROI.

Voilà qui me paraît bien connu, bien avéré,
jufques à la feconde race. Mais depuis , il eſt
furvenu bien du changement.

LE BARON.

Le changement important arrivé dans la
conſtitution de France, lorfque le pouvoir le-
giſlatif paſſa du Confeil de la Nation, entre
les mains du Monarque, n'a pas été expliqué
par les Hiſtoriens Français avec le même foin
qu'ils ont apporté à débrouiller d'autres points
de leur Hiſtoire. C'eſt pour cela, que j'ai tâché
de fuivre avec la plus grande attention tous les
pas qui ont conduit à cette révolution mémo-
rable.

Les Loix Saliques, les Loix des Bourguignons & les autres Codes publiés par les Tribus qui s'établirent dans les Gaules, étaient des loix générales, qui s'étendaient à chaque personne, à chaque Province & à chaque District, où l'on reconnaissait leur autorité ; mais il semble qu'elles cessèrent d'être en vigueur, & la raison en est fort naturelle. Quand on fit ces loix, presque toutes les propriétés de la Nation étaient allodiales. Mais lorsque les Institutions féodales furent généralement établies, elles firent naître un nombre infini de différentes questions relatives à cette espèce de tenure ; & les anciens Codes ne pouvaient servir à les décider, parce qu'ils ne pouvaient contenir des Règlemens applicables à des cas qui n'existaient pas dans le temps où ils furent composés. Ce changement considérable dans la nature des possessions, rendit nécessaire la publication des nouvelles Loix contenues dans les Capitulaires. On ne peut pas douter, en les lisant, qu'elles ne fussent pour la plupart des loix générales, qui s'étendaient à tout le corps de la Nation Française, puisque c'était dans l'Assemblée-générale de la Nation qu'elles étaient formées. La faiblesse du plus grand nombre des Rois de la seconde race, & les désordres qu'excitèrent dans le Royaume les déprédations des Normands, encouragèrent les Barons à usurper un pouvoir presque indépendant, jusque-là inconnu en France. Toute union civile & politique entre les différens membres de l'État fut rompue ; l'ancienne constitution fut renverſée, & il n'exiſte plus entre le Monarque & les Vaſſaux, qu'une relation purement féodale. La Juriſdiction royale ne s'étendait que ſur les Domaines de la couronne, & ſous les derniers Rois de la ſeconde race, ces Domaines étaient preſque réduits à rien ; ſous les premiers Rois de la troiſième race, ils ne renfermaient guère autre choſe que les biens patrimoniaux de Hugues Capet, leſquels avaient été annexés à la Couronne ; & même avec cette augmentation, les Domaines étaient fort peu conſidérables. *Velly, hiſt. de France, tom. 3, p. 32.*

Pluſieurs des principales Provinces de France ne reconnurent pas d'abord Hugues-Capet pour leur Roi legitime; on a conſervé pluſieurs Chartes accordées dans les premieres années du règne de ce Prince, où l'on trouve cette clauſe remarquable dans la manière de dater : *Deo regnante, Rege expectante, regnante Domino noſtro Jeſu-Chriſto, Francis autem contra jus Regnum uſurpante Hugone Rege.* Bouquet, Recueil, &c. t. 10, p. 544. Un Monarque dont le titre était auſſi ouvertement conteſté n'était, pas en état d'affermir la juriſdiction royale ou de reſtreindre celle des Barons.

Toutes ces circonſtances concoururent à donner aux Barons, la facilité d'uſurper les droits de la Royauté, dans l'étendue de leurs Domaines. Les Capitulaires tombèrent en déſuétude, ainſi que les anciennes Loix, & l'on introduiſit par-tout des coutumes locales, qui devinrent les ſeules règles par leſquelles on régla tous les actes civils , & l'on jugea toutes les causes. L'ignorance profonde dans laquelle fut ensevelie la France, pendant le neuvième & le dixième siècle, contribua beaucoup à l'introduction des Loix coutumières. Excepté les Ecclésiastiques, peu de personnes savaient lire ; & comme il n'était pas possible d'avoir recours aux Loix écrites, soit pour le guider dans les affaires particulières, soit pour le régler dans l'administration de la Justice, les Loix coutumières furent presque les seules qui furent en vigueur dans le Royaume. Il ne paraît pas que pendant cet intervalle, on ait convoqué l'Assemblée générale de la Nation, ni qu'elle ait une seule fois exercé sa puissance législative. On réglait & on décidait tout par les coutumes locales. On en trouve une preuve frappante, en suivant les progrès de la Jurisprudence Française. Le dernier des Capitulaires, recueilli par Baluze, fut donné en 921, par Charles le Simple. Il s'écoula 130 ans depuis ce période, jusqu'à la première Ordonnance des Rois de la troisième race, laquelle a été publiée par Delauriere, dans sa grande collection ; & la première Ordonnance qu'on puisse regarder comme un acte de Législation, qui s'étendait à toutes les Provinces du Royaume , est celle de Philippe Auguste, datée de 1190. *Ordonnances, t. 1, pag. 1. 18.* Pendant ce long période de cent soixante-neuf ans, tous les actes civils furent dirigés par des coutumes, & l'on n'ajouta rien à la Loi du Royaume. Les Ordonnances antérieures au règne de Philippe

Augufte, contiennent des réglemens dont l'autorité ne s'étendait pas au-delà des Domaines de la Couronne.

On a plusieurs exempl s de la circonspection avec laquelle les Rois de France se hafard rent, pour la première fois, d'exercer la puiffance légiflative. M. l'Abbé de Mably, rapporte une Ordonnance de Philippe Augufte, donné en 1206 , fur les Juifs , qui dans ce fiècle étaient en qu lque forte, la propriété du Seigneur fur le territoire duquel ils refidaient; mais cette Ordonnance eft moins un acte de l'autorité royale, qu'un traité particulier entre le Roi & la Comteffe de Champagne, & le Sire de Dampierre ; les réglemens même y paraiffent moins établis par fon autorité, que par leur confentement. *Obfervat. fur l'Hift. de Fr. 42, pag. 355.*

L'Ordonnance de Louis VIII, concernant les Juifs, publiée en 1213, doit être regardée de même comme un contrat entre le Roi & les Nobles de fon Royaume, relativement à la manière dont ils traitaient cette malheureufe race d'hommes. *Ord. t. 1, pag. 47.*

Les *établiffemens* mêmes de St.-Louis, quoique très-propres à fervir de loix générales dans tout le Royaume, ne furent point publiés comme des loix écrites, mais feulement comme un code complet de loi coutumière, deftiné à fervir de règles dans l'étendue des Domaines de la Couronne. La fageffe, l'équité & l'ordre, qui diftinguent ce code de St.-Louis, le firent recevoir favorablement dans tout le

Royaume ; & le respect que meritait les vertus
& les bonnes intentions de son auteur ne contribua pas peu à reconcilier la Nation avec
l'autorité législative, que le Roi commençait
à s'arroger. Bientôt après cette époque, ce
fut une idée commune en France, que le
Roi possédait le pouvoir suprême de la législation. « Si le Roi, dit *Beaumanoir*, fait quel-
» qu'établissement, spécialement destiné pour
» ses Domaines, les Barons pourront toujours
» se conformer à leurs anciennes coutumes ;
» mais si l'établissement est général, il aura
» lieu dans tout le Royaume, & nous devons
» croire que de semblables institutions, sont le
» fruit d'une mûre délibération, & qu'elles
» ont le bien public pour objet». *Cout. de Beau-
voisis, ch.* 48, *pag.* 265. Quoique les Rois de
la troisième race, n'eussent point convoqué
l'Assemblée-Générale de la Nation, pendant
le long période qui s'écoula depuis Hugues
Capet, jusqu'à Philippe-le-Bel, il paraît qu'il
consultait du moins les Evêques & les Barons
qui étaient à la Cour, sur toutes les nouvelles
loix que ces Princes voulaient publier. On en
trouve des exemples dans le Recueil des Ordonnances, *t.* 1, *pag.* 3, 5. Cet usage semble avoir
duré jusqu'au règne de St.-Louis, époque à
laquelle l'autorité royale était bien établie.
Ord. t., *pag.* 58. *ann.* 1246. Cette déférence
pour les Barons, mit dans les mains du Roi,
une portion si prépondérante de la puissance législative, qu'ils furent bientôt en état
d'exercer cette puissance dans toute sa pléni-

tude, fans avoir befoin de confulter les Evêques & les Barons.

Les Affemblées de la Nation, connues fous le nom d'Etats-Généraux, furent convoquées pour la première fois, en 1302, & fe tinrent de temps en temps jufqu'à l'année 1614. On ne les a pas convoqué depuis. Ces Affemblées étaient très - différentes des anciennes Affemblées de la Nation Françaife, fous les Rois de la première & de la feconde race. Les Etats-Généraux n'avaient point droit de fuffrage pour la promulgation des Loix, & ne poffédaient point de Jurifdiction qui leur fut propre. Voici qu'elle était la manière de procéder dans les Etats-Généraux. Le Roi s'adreffait à tout le Corps affemblé en un même lieu, & lui expofait les objets pour lefquels il l'avait convoqué. Les Députés de chacun des trois Ordres, c'eft-à-dire, de la Nobleffe, du Clergé, du Tiers-Etat, fe réuniffaient en particulier, & préparaient leur cahier ou Mémoire, contenant leurs réponfes aux propofitions qui leur avaient été faites, avec les repréfentations qu'ils jugeaient convenables d'adreffer au Roi. Ces réponfes, & ces repréfentations étaient enfuite examinées par le Roi, dans fon Confeil, & donnaient ordinairement lieu à une Ordonnance. Les Ordonnances n'étaient pas adreffées aux trois Ordres en commun. Quelquefois le Roi adreffait une Ordonnance à chaque Ordre en particulier; quelquefois il y faifait mention de l'Affemblée des trois Ordres; quelquefois il n'y était queffion que de l'Afsemblée de celui des Ordres auquel l'Ordonnance était adreſſé ; quelquefois on n'y faiſait aucune mention de l'Aſſemblée des Etats, qui avaient ſuggéré l'idée de faire la nouvelle Loi. *Pref. du tit. 3 des Ordonnances, pag.* 20. Ainſi les Etats-Généraux, n'uſaient que le droit d'aviſer ou de remontrer, & l'autorité légiſlative réſidait dans la perſonne du Roi. *Hiſtoire du règne de l'Empereur Charles-Quint, tom.* 2, *notes* 37 & 38.

LE ROI.

Cet Auteur va plus loin que l'Abbé de Mably. Il approche bien davantage du tems où nous vivons, & vous voyez qu'avec lui me voilà redevenu Légiſlateur. Sous la première & la ſeconde Race, la Nation avait la puiſſance légiſlative, cela me paraît rigoureuſement démontré. Mais les Etats-Généraux n'ont jamais eu la puiſſance légiſlative.

LE BARON.

SIRE, Votre Majeſté a remarqué, ſans doute, que Robertſon ne dit preſque rien des Etats-Généraux ; qu'il n'entre dans aucun détail ; qu'il ne cite point d'autorité, & qu'il n'a d'autre garant de ſon opinion que la Préface du tome 3 du Recueil des Ordonnances. Il eſt impoſſible que cette petite partie de ſon ouvrage inſpire la même confiance que ſa diſſertation ſur la première & la ſeconde Race. Il faut donc examiner ce qui s'eſt paſſé aux Etats-Généraux. (Voyez le premier Dialogue, pages 18 & 19).

On voit, par une Ordonnance du 28 Décembre 1355, qu'à cette époque les Etats-Généraux délibéraient, 1.º sur le nombre des troupes nécessaires pour la guerre; 2.º sur les sommes nécessaires pour soudoyer l'armée; 3.º sur les moyens de lever cette somme; 4°. sur la régie & emploi des deniers.

Aux Etats de 1483, le Chancelier Guillaume de Rochefort prenait l'avis des Députés, & dès que l'un d'eux formait quelqu'objection, le Chancelier écrivait à la marge du cahier : *Rejeté* ou *renvoyé* à un plus mûr examen. Si les Députés voulaient répondre, il les interrompait en leur disant qu'ils avaient rempli leurs charges; que les Etats n'avaient, à l'égard du Roi, que la voie de la représentation; que c'était au Roi & à son Conseil à juger. Mais un des Députés se leva de son siége. « Que faisons-» nous, dit il, pourquoi nous a-t-on mandés » ici? Nous ne nous attendions pas que l'on » traiterait, avec cette légéreté, les Représen-» tans de la Nation ». Le Chancelier fut obligé de changer de ton & de langage.

A Orléans, en 1560, la Noblesse demandait des Etats particuliers tous les cinq ans pour chaque Province; des Etats-Généraux, tous les dix ans, & une Commission permanente pour mettre sous les yeux du Roi les objets qui exigeaient une prompte résolution.

A Pontoise, en 1561, les Etats *statuèrent*, que lorsqu'un Roi serait incapable de régner par lui-même, le plus proche Prince du Sang serait tenu de convoquer les Etats-Généraux fous trois mois , à peine d'être réputé traître à la Nation ; & qu'à l'expiration des trois mois , fans convocation, chaque Bailliage ou Séné-chauffée procéderait au choix des Députés qui s'affembleraient , le 15 du quatrième mois , à Paris , pour compofer un Confeil de Régence, & régler l'adminiftration du Royaume.

En 1576 , à Blois , les Députés obligèrent le Préfident du Clergé à demander au Roi la ra-tification de tous les points *réfolus* par les trois Ordres. Et Henri III , par fa lettre de convo-cation adreffée aux Baillis , avait donné l'affu-rance qu'*il exécuterait entierement tout ce qui aurait été avifé & réfolu aux Etats.*

Votre Majefté voit donc que les Etats *réfol-vent*, & qu'ils *ftatuent*. En 1560 , aux Etats d'Orléans , 'ce font eux qui *réglent* que Cathe-rine de Médicis gouvernera le Royaume con-jointement avec le Roi de Navarre. François I n'a-t-il pas dit à Charles-Quint, qu'il n'avait pu céder la Bourgogne fans le confentement des Etats ? Les Etats eux-mêmes n'avaient-ils pas dit à Louis XII , qu'il n'avait pu promettre à Charles d'Autriche la Bretagne , la Bourgogne, Milan & Gênes ? Sous Louis XII , ne donnè-rent-ils pas leur *décifion* fur les appanages ? Et dès le principe de la tenue des Etats, en 1355, ne firent-ils pas avec le Roi Jean tout ce qu'ils voulurent ? Ils établirent un Confeil pour gou-verner le Royaume , & commirent des per-fonnes pour l'adminiftration des Finances. Ils voulaient même choifir au Roi , & lui com-pofer fon Confeil d'Etat. Ils forcèrent le Chan-

D

celier Laforêt de quitter les Sceaux, chasserent
tous les principaux Officiers des Finances, firent saisir & annoter leurs biens, désapointè-
rent tous les Officiers du Royaume, même ceux
du Parlement, *hormis seize.*

D'après des faits aussi avérés, je ne conçois pas comment un seul Auteur a pu dire que
les Etats n'avaient que le droit d'aviser & de
remontrer.

LE ROI.

C'est pourtant une opinion assez générale,
que les Etats ne présentaient que des *doléances;*
& vous savez qu'à la séance du 19 Novembre,
le Garde-des-Sceaux n'a pas hésité d'annon-
cer, qu'à la prochaine tenue des Etats, la
Nation n'aurait d'autre avantage que celui de
faire valoir ses *doléances.*

LE BARON.

Quand les Rois ont convoqué les Etats, c'é-
tait principalement pour leur demander des
subsides. Et à des demandes de subsides, les
Etats ont toujours répondu par des *doléances*
ou par des refus. « Vous faites des dépenses
« inutiles, folles, ruineuses ; les Courtisans
» puisent dans le trésor public avec trop peu de
» pudeur ; les finances sont mal administrées ;
» les Traitans s'enrichissent aux dépens de la
» Nation ; le peuple est misérable ; il ne peut
» fournir de nouveaux subsides ; il ne peut du

» moins octroyer tout ce que vous lui deman-
» dez ». Voilà le langage uniforme des Etats
depuis 1302 , jusqu'en 1614 ; & c'est-là ce
qu'on peut appeller des *doléances*. Mais sur les
autres parties de l'administration , les Etats donnaient leurs cahiers , leurs mémoires , ou bien
ils arrêtaient, réglaient, statuaient, décidaient.

Un peuple demande à son Roi de réformer
des abus, d'introduire un nouvel ordre de choses dans plusieurs parties de l'administration, &
le Roi ne le veut pas. Eh-bien, le Roi aura
besoin d'argent, il en sollicitera: le Peuple ne
lui en accordera pas. Pour en obtenir, il faudra
que le Roi se conforme au vœu de la Nation,
qu'il rédige & qu'il promulgue la loi que le
Peuple veut ajouter aux conditions de son
association.

Pour que le Roi fut législateur sans partage,
sans dépendance, il faudrait de deux choses
l'une : qu'il pût établir des impôts à son gré,
sans le consentement de la Nation , où qu'il
n'eût jamais besoin d'argent.

M. Necker a dit : c'est le pouvoir d'imposer
qui constitue essentiellement la *grandeur souve*
raine. *Mémoire donné au Roi par M. Necker*
en 1778.

Moi je dirais : c'est le pouvoir d'imposer qui
constitue essentiellement la *puissance absolue.*

Et encore est-il vrai qu'un Roi , c'est-à-dire,
le premier Magistrat de la Nation, qui ne peut
avoir de pouvoir que d'elle , ne peut le conserver qu'autant qu'elle le lui continue , & qu'il
n'a jamais le droit d'empêcher la Nation de

changer ou modifier ſon pacte ſocial. En un mot, la volonté de la Nation eſt ſupérieure à la volonté du Roi ; & il eſt rigoureuſement vrai que le Roi n'eſt que le mandataire, ou, ſi vons l'aimez mieux, le repréſentant de la Nation, & qu'il ne doit être que l'exécuteur des volontés de la Nation. (1)

Sous la première & la ſeconde Race, la puiſſance légiſlative appartenait à la Nation ; vous en convenez. Vous prétendez qu'elle ne l'a plus actuellement, & moi je vous demande, comment elle a pu la perdre ? Troûvez-vous dans l'Hiſtoire une réſolution du Corps politique aſſemblé, portant la démiſſion de cette puiſſance ? Non, & cela me ſuffit. Si elle ne s'en eſt pas demiſe, elle l'a toujours.

---

(1) Voici la formule du ſerment que les Aragonais, en Eſpagne, prêtaient à leurs Rois : « Nous, qui valons » chacun autant que vous, & qui tous enſemble ſommes » plus puiſſans que vous, nous promettons d'obéir à votre » Gouvernement, ſi vous maintenez nos droits & nos » priviléges ; & ſinon, non ».

En vertu de ce ſerment, les Nobles établirent, comme un principe fondamental de la conſtitution, que ſi le Roi violait leurs droits & leurs priviléges, la Nation pourrait légitimement le déſavouer pour ſon Souverain, & en élire un autre en ſa place.

Dans ſa conſcience & dans ſon-cœur, l'Aragonais diſoit comme Philoctete :

Un Roi, pour ſes ſujets, eſt un Dieu qu'on révère ;
Pour Hercule & pour moi, c'eſt un homme ordinaire.

Vous me dites que la Nation a négligé d'exercer la puissance légiflative?

Et que les Rois l'ont ufurpée?

Je vous réponds que la puiffance légiflative n'a pu paffer aux Rois fans une conceffion formelle au Corps politique. Elle eft naturellement inhérente à la Nation, & le premier Magiftrat de la Nation n'a pu l'ufurper & la preferire contre la Nation. Le pouvoir Royal doit refter fixé dans les limites qui lui furent affujetties fous Charlemagne, par un acte de la volonté générale.

Je vous dis encore, que les Rois *feuls* n'ont jamais fait de Loix. Toutes les Loix françaifes ont été délibérées & confenties

Par la Nation;
Par le Roi & les Barons;
Par le Roi & les Etats-Généraux;
Ou par le Roi & les Parlemens.

LE ROI.

Ah! nous voici donc arrivés à l'article des *Parlemens.* Il mérite bien auffi d'être éclairci. Quelles font donc vos idées fur les Parlemens?

LE BARON.

Le Parlement était originairement compofé des perfonnes les plus diftinguées du Royaume, des Pairs de France, des Eccléfiaftiques du premier rang, & des Nobles d'une naiffance illuftre; on y joignit enfuite quelques

Clercs & Conseillers versés dans la connaissance des Loix. *Pasquier*, Recherches, p. *44*,
Encyclopédie, art. *Parlement*. Un Corps ainsi
constitué, était proprement un Comité des
Etats-Généraux du Royaume, composé des
Barons & Fideles, & que les Rois étaient
accoutumés à consulter sur tous les actes de
jurisdiction & d'autorité législative. Dans les
intervalles qui s'écoulèrent entre les Assemblées
des Etats-Généraux, & pendant les longs périodes de tems où ces Etats ne furent point
convoqués, il était naturel que les Rois con-
sultassent leur Parlement, lui proposassent à
examiner des objets d'intérêt public, & vou-
lussent revêtir de son approbation les Ordonnances & les Loix nouvelles qu'ils avaient à
publier.

Sous la seconde Race des Rois, toute loi nouvelle était rédigée dans la forme convenable par
le Chancelier du Royaume, qui la proposait ensuite au Peuple ; & lorsqu'elle avait passé, le
Chancelier était chargé de la garder dans les
archives publiques, afin de pouvoir en donner
des copies authentiques à tous ceux qui en de-
manderaient. *Hincmar*, de Ord. Palat. c. 16,
capit. Cau. Calv., tit. 14, §. 11. tit. 33. Le
Chancelier présida au Parlement de Paris, lors
de la première institution. *Encyclopédie*, art.
Chancelier. Il était donc également naturel
que le Roi continuât d'employer cet Officier à
ses anciennes fonctions, de rédiger, de garder
& de publier les Ordonnances nouvelles qui se
faisaient. Il existe une ancienne copie des Ca-

pitulaires de Charlemagne, dans laquelle on a inféré les paroles suivantes : *Anno tertio Clementissimi Domini nostri Caroli Augusti , sub ipso anno, hæc facta capitula sunt, & consignata Stephano Comiti, ut hæc manifesta faceret Parisiis mallo publico , & illa legere faceret coram Scabineis , quod ita & fecit, & omnes in uno confenserunt, quod ipsi voluissent observare usque in posterum, etiam omnes Scabinei, Episcopi , Abbates , Comites , manu propria subtersignaverunt.* Bouquet, *Recueil*, t. 5, p. 653. Le terme de *Mallus* signifie non seulement Assemblée de la Nation, mais encore la Cour de Justice tenue par le Comte ou Missus Dominicus. Les *Scabinei* étaient les Juges ou les Assesseurs de cette Cour. On voit dans ce monument un exemple très-ancien de Loix , non seulement publiées dans une Cour de Justice , mais encore vérifiées & confirmées par la souscription des Juges. Si cette formalité était d'un usage ordinaire, elle dût amener naturellement celle de vérifier les Édits au Parlement de Paris.

Cette Cour suprême de Justice en France fut décorée du nom de Parlement, nom qu'on donnait à l'Assemblée générale de la Nation , vers la fin de la seconde Race ; mais les hommes, dans leurs raisonnemens comme dans leur conduite, se laissent aisément tromper par la ressemblance des noms. Ce fut en conservant les anciens noms des Magistrats établis à Rome , pendant qu'il y eut un Gouvernement Républicain, qu'Auguste & ses successeurs furent étendre leur autorité sans exciter

tant de jaloufie, & rencontrer tant d'obfta-
cles. Le même nom, donné en France à deux
Corps effentiellement différens, ne contribua
pas peu à faire confondre leurs droits & leurs
fonctions.

Toutes ces circonftances réunies concoururent à infpirer aux Rois de France l'idée de
fe fervir du Parlement de Paris, comme d'un
inftrument propre à faire goûter à la Nation
l'exercice qu'ils voulaient faire de la puiffance
légiflative. Les Français, accoutumés à voir
toutes les nouvelles Loix examinées & auto-
rifées avant que d'être publiées, ne fentaient
pas affez combien il était différent de s'en
rapporter par cette formalité à l'Affemblée de
la Nation, ou à un Tribunal nommé par le
Roi ; mais comme ce Tribunal était compofé
de perfonnes refpectables & très-verfées dans
la connaiffance des Loix de la Nation, lorfqu'un nouvel Edit recevait la fanction de ce
Corps, il n'en fallait pas d'avantage pour enga-
ger le Peuple à s'y foumettre aveuglément.

Lorfque l'ufage de vérifier & d'enregiftrer
au Parlement de Paris les Edits du Roi, fut
devenu commun, le Parlement prétendit que
cette formalité était néceffaire pour leur donner l'autorité légale. Il fut reçu comme une
maxime fondamentale dans la Jurifprudence
Française, qu'aucune Loi ne pouvait être publiée d'une autre manière ; que fans cette
formalité, les Edits & Ordonnances n'auraient
aucun effet, & que le Peuple ne ferait point
obligé d'y obéir & de les regarder comme
faifant

faifant loi, jufqu'à ce qu'elles euffent été vérifiées dans la Cour fuprême, après une libre
délibération. *La Rocheflavin, des Parlemens
de France, 4.º Gen.* 1621, p. 921. Le Parlement a réfifté en différentes occafions avec
beaucoup de courage, à la volonté des Rois,
& malgré leurs ordres précis & répétés, il a
refufé de vérifier & de publier des Edits qu'il
regardait comme oppreffifs pour le Peuple,
ou contraires aux Loix fondamentales du Royaume. La Rocheflavin rapporte que depuis 1562
jufqu'en 1589, le Parlement avait refufé de
vérifier plus de cent Edits des Rois. *Ibid.* p.
935. Limnœus a cité un grand nombre
d'exemples de la rigueur & de la conftance
avec laquelle les Parlemens de France fe font
oppofés à la promulgation des Loix qui leur
paraiffaient nuifibles. *Notitiá Regni Franciæ,*
lib. 1, cap. 9, p. 223,

Je ne cherche à faire connaître la conftitution & la jurifdiction d'aucun autre Parlement
de France, que de celui de Paris, parce qu'ils
font tous formés fur le modèle de cet ancien &
refpectable Tribunal, & que ce que j'ai dit
de celui-ci, peut s'appliquer à tous les autres.
On doit les confidérer tous, comme autant de
rameaux du même arbre, dont la Pairie forme
le tronc & les racines.

LE ROI

Mais les Membres des Parlemens font mes
Officiers ; & comment eft-il poffible de conce-

voir , que mes Officiers aient le droit de réfifter à mes volontés ? Que le fuffrage d'un Confeiller au Parlement puiffe balancer l'autorité
de mes commandemens ?

LE BARON.

Les Membres des Parlemens font les Officiers
de Votre Majefté , c'eft-à-dire , que Votre
Majefté leur donne des provifions , comme elle
nomme les Abbés , les Evêques , &c. ; mais
parce que Votre Majefté donne les provifions
des charges de Judicature , & qu'elle nomme
les Evêques de France , croirait-elle qu'elle a
le droit de laiffer la France fans Evêques &
fans Magiftrats ?

LE LOI.

Non , fans doute , je n'ai pas cette préten-
tion.

LE BARON.

Il faut donc que Votre Majefté ait la bonté
de confidérer , que fi elle nomme les Evêques,
que fi elle donne des provifions aux Magiftrats,
c'eft parce qu'elle eft chargée par la Nation de
cette partie du pouvoir exécutif. Le Sacerdoce,
l'Epifcopat , la Judicature & la Magiftrature
ne font pas la propriété du Roi : tout cela
exifte pour la Nation, & appartient à la Nation.
Votre Majefté vient d'ordonner des réformes

considérables dans sa maison, dans celle de la Reine, &c. Elle a supprimé des Maisons royales, des Gouverneurs, des Concierges, des Officiers ou des Valets de toutes les classes & de toute espèce ; Elle a réduit les grandes & les petites écuries, &c. Votre Majesté en avait, sans contredit, le droit le plus absolu. Les Réglemens qui ont annoncé ces réformes, ne pouvaient rencontrer de contradicteurs.

Mais qu'elle ait pu réformer & réduire les Parlemens, comme elle venait de réformer & réduire sa maison, ses valets, sa grande & ses petites écuries ; c'est, je l'avoue, sur quoi je serai toujours récalcitrant. Il faudra que M. de Brienne & M. de Lamoignon acquièrent l'enchantement de la persuasion, avant de me convaincre qu'ils n'ont fait du Lit de Justice du 8 Mai, qu'un exercice légitime de l'autorité royale, & qu'ils ne l'ont pas excédé.

LE ROI

Que pensez-vous donc d'un Lit de Justice ?

LE BARON

SIRE, un Lit de Justice produit des protestations ; les protestations, l'exil ; & l'exil, la révocation du Lit de Justice.

Un Lit de Justice est toujours un acte despotisme, & les deux Ministres viennent de le rendre plus révoltant qu'il n'avait encore paru, puisque le Lit de Juſtice du 8 Mai n'a pas été précédé de l'envoi des Edits au Parlement, de la Délibération & des Remontrances de la Cour des Pairs. Les deux Miniſtres ont voulu forcer la puiſſance Royale, & Votre Majeſté verra peut-être qu'ils l'auront briſée, rompue, ou du moins fortement ébranlée.

SIRE, « il eſt quelquefois néceſſaire de chan- » ger les Loix ; mais lorſque ce cas arrive, il » n'y faut toucher que d'une main tremblante. » On y doit obſerver tant de ſolemnités, & » apporter tant de précautions, que le Peuple » en conclue naturellement qu'il faut que les loix » ſoient bien ſaintes, puiſqu'il faut tant de ſo- » lemnités pour les abroger.

Montesquieu.

LE ROI

Vous croyez donc auſſi que les proteſtations des Parlemens ſont fondées ?

LE BARON.

Oui, je le crois. Et malgré les clameurs & les diatribes de quelques Ecrivains contre les Parlemens, à raiſon des torts & des faux principes dont il les accuſent : quoique ces Corps aient ſouvent fourni matière aux accuſations qu'on leur intente ; il eſt cependant une vérité dont les faits doivent nous perſuader : c'eſt que ſi la France n'eſt pas complettement abbattue ſous le joug du Gouvernement arbitraire, ſi le

Peuple Français n'est pas le plus esclave de tous les Peuples, c'est aux Parlemens qu'il en est redevable. La résistance qu'ils ont opposée dans différentes occasions aux entreprises du Gouvernement, les principes répandus dans leurs Arrêts & leurs Remontrances, ont conservé quelques faibles étincelles de l'amour de la liberté.

Les Français en général ne sont pas assez pénétrés de l'obligation qu'ils ont aux Parlemens; ils doivent réfléchir que, bien qu'il soit vrai que, dans certaines occasions, ces Corps aient molli devant le Gouvernement, & n'aient pas défendu, avec assez de constance, la cause du Peuple; il n'est pas douteux cependant que si cette barrière était détruite, le despotisme, alors semblable à un torrent, renverserait tout devant lui; que les propriétés seraient bouleversées, les droits civils anéantis, & que l'Etat entier n'offrirait bientôt plus que le triste spectacle d'une servitude complette & d'une misère profonde.

L'utilité & l'importance de ce Corps, dans la constitution française, ont été reconnues par les plus habiles Politiques Français & Etrangers. Voici ce que *Machiavel* en disait dans le seizième siècle, au troizième livre de ses Discours sur Tite-Live, chap. I, où il traite de la nécessité de rappeller souvent toute espèce d'institution vers ses principes: *Hanno encora i Regni bisogna di rinovarsi e ridurre le Leggi di quelli verso il suo principio. E si vede quanto bono effeto fa questa parte nel*

Regno di Francia: il quale Regno vive sotto le Leggi e sotto gli ordini, piu ché alcun altro Regno. Delle qualle Leggi e ordini ne sono mantenitori i Parlamenti, e massime quel di Parigi; lequali sono da lui rinovate qualunque volta è fata una essecutione contra ad uno Principe di quel Regno e chè el condanna il Rè nelle sue sentenze. E infino à qui si è mantenuto per essere stato un ostinato essecutore contra à quella Nobilita; ma qualunque volta è ne lasciasse alcuna impunita; & chè le venissino à moltiplicare, senza dubio ne nascerebbe, o chè le si havrebbono à correggere con discordine grande, o che quel Regno si risolverebbe.

« Les Monarchies ont aussi besoin d'être
» ramenées à leurs principes constitutifs, &
» l'on voit en France combien ce principe est
» salutaire. C'est un Royaume gouverné par
» l'ordre & la loi plus qu'aucun autre. Les Par-
» lemens, sur tout celui de Paris, maintiennent
» les loix. Le Parlement de Paris les renouvel-
» lent toutes les fois qu'il condamne un Prince,
» qu'il juge le Roi lui-même, & par une exacte
» vigilance contre les Grands du Royaume. Mais
» s'il arrive qu'il laisse impunie la violation des
» Loix, les infracteurs se multiplieront. Il en
» naîtra des abus, de grands désordres diffi-
» ciles à corriger: le Royaume se détruira, ou
» son Gouvernement changera de nature ».

Un Corps permanent, dépositaire & gardien des loix, est absolument nécessaire dans un gouvernement tel que le nôtre; c'est lui qui donne de la fixité à la législation, qui sans cela, femblable à l'atmofphère agité par des vents contraires, ferait fujette aux variations les plus fubites & les plus dangereufes. Toutes les Républiques bien conftituées, ont eu de femblables confeils : le Sénat à Rome, le confeil des vieillards inftitué en Crète par Minos, les Gérontes à Sparte, le Sanhedrin chez les Juifs, les Sénats de Suede & de Pologne, la Chambre des Pairs en Angleterre. Et l'on peut dire que le plus ou le moins d'influence de ce Corps, eft l'indice de la tendance de l'adminftration vers la félicité publique, ou de fon éloignement du bonheur de tous.

LE ROI

Voilà qui me paraît magnifique en faveur des Parlemens ; trouvez-vous auffi qu'ils n'ont pas été trop hardis dans leurs proteftations ?

LE BARON.

SIRE, l'audace de la liberté, & la lumière de la Philofophie, réunies dans la même tête, peuvent feules diffiper les ténèbres gothiques des conftitutions modernes ; & détruifant le vain fantôme de l'équilibre des pouvoirs, ramener l'autorité fouveraine à fa nature & à fa fimplicité primitives, & être enfin, ce que l'effence & le but focial demandent néceffairement ; c'eft-à-dire, l'exercice plein & entier de la volonté du Corps des Citoyens.

Je dis l'audace de la liberté, parce que
sans l'énergie de ce sentiment, la froide &
tranquille Philosophie, ne produira jamais de
grandes révolutions en politique ; & que, con-
tente de la découverte, & de l'examen spé-
culatif des vérités sociales, elle manquera toujours de ce zèle ardent qui s'occupe à les répan-
dre dans l'opinion publique, à les réduire en
action, & à les faire servir au maintien, ou
au rétablissement des droits de l'humanité.

Et à cette occasion, permettez, Sire, que
je rappelle M. d'Eprefménil, au souvenir de
Votre Majesté. « Quand je vois de telles vertus
» suivies de pareils succès, je suis déchiré
» jusques dans le fond de l'ame (1).

LE ROI.

« Ce ne sont pas là de vrais maux: autre-
» ment ils ne tomberaient jamais sur les pre-
» miers favoris du Ciel, & les meilleurs des
» hommes. Les Dieux, dans leur bonté, for-
» ment sur eux des tempêtes, qui donnent
» aux mortels, l'occasion de montrer leurs
» forces secrettes, & de mettre en pratique
» des vertus qui fuient la lumière, qui demeu-
» rent cachées dans des temps tranquiles, &
» dans une vie paisible (2).

---

(1) By heav'n's, Such virtues, joind with Such success
Distract m'y verry soul. *Cato à Tragedy*, *Scène première*.

(2) These are not Ills ; else woud they never fall
» hommes.

LE BARON.

« Le Génie de la France parle par sa bouche.
» Son ame respire la liberté (1) ». SIRE, quand
Votre Majesté , rétablira le Parlement dans
toutes ses fonctions, ah ! rendez-lui cet homme
vertueux. « La pompe & la majesté de Rome
» n'a rien qui releve son Sénat , plus que la
» présence de Caton (2).

LE ROI.

Vous me parlez de rétablir le Parlement
dans toutes ses fonctions : Pensez-vous donc
qu'il doive conserver tout son ressort , & que
ce fut un mal d'étendre le pouvoir des Tri-

On heav'n's first fav'rites , and the best of men :
The Gods, in bounty work up storms about us ,
That give mankind occasion to exert
Their hidden strength, and throw out into practice
Virtues Wich shun the day, and lie conceal'd
In the smooth Seasons , and the calms of life.
Act II. *Scène* 4.

(1) The migthy genius of immortal Rome
Speaks in thy voice; thy soul breathes liberty.
Act. II , *S.* 3.

(2) Not all the pomp and Majesty of Rome
Can raise her Senate more than Cato's presence.
Act. I. *S.* 2.

E

bunaux inférieurs ? Rapprocher les Justiciables de leurs Juges, n'est-ce pas là un bien, un avantage sensible, manifeste ?

LE BARON.

SIRE, c'est ce qu'il faut considérer sous deux rapports; comme Plaideur & comme Citoyen.

Comme Plaideur, je desire d'être jugé promptement, sans beaucoup de frais ; & par-dessus tout je desire d'être bien jugé. Si vous pouvez me donner tous ces avantages dans ma Province, hâtez-vous, faites m'en jouir. Mais trouverai-je en Province les mêmes lumières qu'à Paris ? Mes défenseurs seront-ils aussi instruits, mes Juges aussi éclairés? N'aurai-je pas à redouter l'influence de la parenté, des liaisons, de l'esprit de parti qui agite continuellement les petites Villes? L'avantage que je préfère à tous les autres, & sans lequel tous les autres sont perfides ; l'avantage d'être bien jugé me paraît moins assuré en Province qu'à Paris. Sur cet article délicat, je puis me tromper : je n'ai pas l'orgueil de vouloir subjuguer votre opinion. Souffrez seulement que je vous invite à la réfléchir. Pour mon compte, je vous le dis avec franchise, je connais la Province, je connais Paris : & j'aime mieux être jugé à Paris.

Comme Citoyen. Si l'on étend le pouvoir des Tribunaux inférieurs, il faudra moins de

Juges à Paris , & c'eft un prérexte que l'on faifira pour réformer, pour réduire le Parlement ; ce Corps antique , inhérent à la conftitution de l'Etat, ne fera plus qu'une ombre de l'ancien Sénat, que peut être une dernière tentative, achevera bientôt de tout-à-fait détruire.

Et alors, (je parle aux Citoyens) quel fera le Corps permanent, dépofitaire, gardien & défenfeur de vos loix, de vos propriétés, de votre liberté ? Comment parviendrez-vous à rompre cette pente fatale qui vous entraîne dans le defpotifme ? Vos Etats-Généraux , favez-vous ce qu'ils feront ? Vos Affemblées Provinciales , nouvellement émanées de la volonté du Roi , ont-elles encore autre chofe qu'une exiftence précaire ? Imprudens ! vous laifferiez détruire les Corps qui, par leur ancienneté, ont une plus forte liaifon avec la conftitution, & une plus grande indépendance du caprice du Monarque !

Je fais encore cette réflexion : « De même qu'il » faut que tous délibèrent & confentent pour » former la loi ; de même auffi *l'autorité* » *qui fait exécuter la loi*, ne peut être conf- » tituée d'une manière légitime, qu'autant » qu'elle a été délibérée & confentie par tous; » s'il en était autrement, on pourrait placer » à côté de la loi une autorité qui ferait » tellement inftituée qu'elle en empêcherait » l'effet; une autorité qui en détruirait l'utile » influence fur les actions humaines ». Cette raifon fait voir que la *Conftitution . judiciaire d'une Nation., eft une partie de fa fervitude ou de fa liberté.* Donc la Nation elle-même doit délibérer fur fa Conftitution judiciaire; & que s'il convient de la changer , de la modifier, c'eft à la Nation à faire les changemens & les modifications; & c'eft mon dernier mot.

LE ROI.

Vous avez raifon, il eft temps de finir cet entretien.

Quand je fonge que les hommes fe tourmentent pour favoir quelle eft la meilleure conftitution, & quelle eft la véritable conftitution de leur pays, je me rappelle toujours cette penfée de Pope.

Por forms of Government let fools conteft;
Whate'er is beft adminifter'd, is beft :

Effai fur l'homme, Ep. 3.

« Que les fous fe difputent fur les formes du » Gouvernement : quel qu'il foit , le mieux » adminiftré eft le meilleur ».

LE BARON.

SIRE, vous êtes bon comme Henri IV, & Votre Majefté peut encore retrouver Sully.

LE ROI.

Eh bien, qu'il revienne donc avec moi. Renouvellons une noble & durable affociation de la Bonté avec le Génie. Affamés l'un & l'autre du plaifir de fentir la joie de vingt-quatre millions d'hommes, nous en jouirons encore : nous les rendrons heureux par une fage adminiftration.

« Tout homme eft capable de faire du bien
» à un autre homme : mais c'eft reffembler aux
» Dieux, que de contribuer au bonheur d'une
» Société entière ».

Montefquieu.

FIN.

www.ingramcontent.com/pod-product-compliance
Ingram Content Group UK Ltd.
Pitfield, Milton Keynes, MK11 3LW, UK
UKHW021223140726
13695UKWH00002B/719